TOM COCKLE

STURMGESCHÜTZ-ABT. 226 ON THE BATTLEFIELD
★ WORLD WAR TWO PHOTOBOOK SERIES ★

volume  24

© PeKo Publishing Kft.

Kiadja / Published by
PeKo Publishing Kft.
8360 Keszthely, Bessenyei György utca 37., Hungary
Email: info@pekobooks.com
www.pekobooks.com

Felelős kiadó / Responsible publisher
Péter Kocsis

Írta / Author
Tom Cockle

A magyar szöveget szakmailag lektorálta / English text proofreading
Számvéber Norbert/Jon Feenstra

Tördelés, retus / Layout, retouch
nadam.hu

Printed in Hungary

Fotók / Photos
Péter Kocsis, The Archive of Modern Conflict, James Haley, Thomas Anderson

Kiadás éve / First published
2023

ISBN 978-615-5583-97-1
ISSN 2063-9503

Minden jog fenntartva. A kiadó írásbeli hozzájárulása nélkül tilos a mű bármely részének sokszorosítása, reprodukálása, illetve bármiféle adattároló rendszerben való rögzítése és feldolgozása.

All rights reserved. No parts of this publication may be reproduced, or transmitted in any form or by any means, electronic or mechanical, including photocopying, recording or by any information storage and retrieval system, without permission from the Publisher in writing.

KÖSZÖNETNYILVÁNÍTÁS

Újfent hálás köszönettel tartozom Kocsis Péternek, a PeKo Publishing tulajdonosának, amiért lehetővé tette e kiadvány elkészültét, illetve, hogy ezúttal a szokásosnál több fényképpel dolgozhattam. A következő oldalakon látható fotók, amelyek betekintést nyújtanak a 226. rohamlövegosztály katonáinak mindennapi életébe, túlnyomó részt még nem jelentek meg nyomtatásban. Ezúton szeretném kiemelni Franz Kurowski „Sturmgeschütz vor! Assault Guns to the Front" című könyvét, amely véleményem szerint a legjobb forrás a második világháborúban a német haderő által alkalmazott egyes rohamlöveg-alakulatok tekintetében. Külön köszönetem Holger Erdmann-nak, a „Kfz. der Wehrmacht" honlap (www.kfzderwehrmacht.de) fejlesztőjének és fenntartójának, mely oldal a legfőbb forrásomnak bizonyult a fényképeken felbukkanó járművek beazonosítása során, s az általam írt bevezető is nagymértékben támaszkodik az ott fellelhető információkra. Mint mindig, hálás vagyok feleségemnek, Lindának a szeretetért és támogatásért.

Tom Cockle

ACKNOWLEDGEMENTS

Once again, I am deeply indebted to PeKo Publishing Peter Kocsis for giving me the opportunity to collaborate on this book and for providing a larger than normal selection of photographs. Most of the photos in the following pages have not been published before and provide a glimpse into the daily experiences of the men of StuG. Abt.226. I would also like to acknowledge the book, 'Sturmgeschütz vor! Assault Guns to the Front!' by Franz Kurowski, which in my opinion is the best resource on the individual Sturmgeschütz units employed by the German Army in World War 2. Special thanks to Holger Erdmann who developed and maintains the website, 'Kfz. der Wehrmacht' (www.kfzderwehrmacht.de) and which was my main resource for identifying the many vehicles in the photographs. My introduction draws heavily from the information contained therein. As always, I'm grateful to my wife Linda for her love and support.

Tom Cockle

BEVEZETŐ

E kiadványban a 226. rohamlövegosztály történetének fényképeit osztjuk meg az olvasókkal, a jüterbogi kiképző táborban 1941 tavaszán megkezdett kiképzéstől az 1943 elején vívott harcokig.

A 226. rohamlövegosztályt 1941. február 17-én alakították meg Gustav Pritzbuer százados parancsnoksága alatt. Az alakulatot az 1941. április 18-i keltezésű K.St.N. 446 szervezeti előírás alapján állították fel, három üteggel, ütegenként eredetileg hét páncélossal (ütegenként három szakasz, egy szakaszban két rohamlöveg, de az ütegparancsnokok is kaptak egy-egy rohamlöveget, így egy üteg hét páncélossal rendelkezett), illetve további egy rohamlöveggel az osztálytörzsben. Noha a korábbi, 1939. november 1-i keltezésű K.St.N. 445 alapján a szakaszparancsnokoknak egy-egy Sd.Kfz. 253 páncélozott megfigyelőjárművel (Gepanzerter Beobachtungswagen) kellett volna rendelkezniük, úgy tűnik a 226. rohamlövegosztály ezekből nem kapott, mivel egyetlen fényképen sem bukkannak fel. Minden bizonnyal ekkor már elegendő rohamlöveg állt rendelkezésre, hogy a szakaszparancsnokok is azzal harcoljanak.

A két-két rohamlöveggel felszerelt szakaszokat ellátták még egy-egy Sd.Kfz. 252 könnyű páncélozott féllánctapas lőszerszállító vontatóval és a hozzájuk tartozó Sd.Ah. 32/1 lőszerszállító utánfutóval is (szerelvényenként 64 darab lőszerrel). Az alakulat gépjárműállományát további teher- és személyszállító gépjárművek tették egésszé, beleértve a karbantartó osztag Sd.Kfz. 9 féllánctalpas nehézvontatóját és a hozzá tartozó 22 tonna teherbírású Sd.Ah. 116 harckocsi-szállító trélert, illetve más támogató járműveket.

Az alakulatot a kiképzés befejeztével 1941. május 29-én vasúton Varsóba szállították, majd a járművek közúton jutottak el a Wegrow közelében kijelölt gyülekezési körletbe. Az osztály itt a Szovjetunió lerohanását célzó „Barbarossa" hadművelet végrehajtására a Közép Hadseregcsoport 4. hadseregének részét képező IX. hadtest alárendeltségébe került. Az alakulatot a beérkezést követően – a rohamtüzérség alkalmazásának alapelveit felrúgva – megosztották és ütegenként a 137., 292. és 263. gyaloghadosztály alárendeltségébe utalták.

A 226. rohamtüzérosztály már az első napokban összecsapott a szovjet harckocsikkal és csekély saját veszteség mellett számos példányt ki is lőtt közülük. Június végére a rohamtüzérek már több páncélos ütközetben is részt vettek, melyek során számos szovjet könnyűharckocsit tettek harcképtelenné.

Az alakulat 1941. július 3-ig 107 ellenséges páncélos kilövését jelentette. Ekkor az osztály a Guderian vezérezredes 2. páncéloscsoportjának kötelékében harcoló XXXVII. hadtest alárendeltségébe került, ahol 1941. július 9 - 12 között részt vett az Orsa és Vityebszk között zajló harcokban. Az alakulat 1941. július 9-én érte el Minszket, ahonnan északi irányban, Vityebszk felé nyomult előre, amit 1941. július 12-én foglaltak el a német csapatok. A német IX. hadtest alárendeltségében az osztállyal 1941. július 16-án kerítette be és foglalta el Orsát.

Az osztályt utasították, hogy Orsától 40 km-re nyugatra törje át az ellenséges vonalat és Obolajtól észak felé haladva Konovcsino irányába előrenyomulva Podbariza közelében létesítsen kapcsolatot a 12. páncéloshadosztállyal. Az alakulat 1941. július 21-én Borogyinónál harcolt, amelyet a német csapatok aznap el is foglaltak.

A „Guderian" páncéloscsoportot ekkor a Moszkva elleni támadás irányából átvezényelték és a Dél Hadseregcsoport támogatása végett délnek fordították Kijev irányába. Az osztály 1941. augusztus 2-án Roszlavl irányába haladt és 1941. augusztus 4-én elérte a Roszlavlból Moszkvába vezető főutat, ahol belecsöppent a Roszlavlért folyó harcok kellős közepébe. Ezt követően az alakulat Gomel irányába nyomult előre a von Geyr tábornok parancsnoksága alatt álló XXIV. páncéloshadtest alárendeltségében, azzal a céllal, hogy elfoglalják Kijevet.

Az alakulat 1941. augusztus 15 – 20. között részt vett a Vejszejevko és Kricsev között dúló súlyos harcokban. A rohamlövegek szeptember elején Csernyigov peremkerületén harcoltak, a települést a német csapatok nyolc napos harc árán foglalták el. Az osztály 1941. szeptember 9-én átment a Kijev felé menekülő ellenség üldözésébe és 1941. szeptember 18-án elérte a várost.

A támadás 1941. szeptember 18-án vette kezdetét, a város szeptember 24-én került a német csapatok kezére. Körülbelül 665 000 szovjet katona esett fogságba, hatalmas mennyiségű páncélozott jármű és tüzérségi eszköz semmisült meg vagy lett zsákmány. A 2. páncéloscsoportot ismét átirányították északi irányba, hogy támogassa a Közép Hadseregcsoport „Tájfun" hadműveletét, a végső támadást

Moszkva ellen. A rohamlövegosztály 1941. október 2-3-án Orjol körzetében harcolt, majd a város elfoglalását követően Brjanszkhoz irányították. 1941. október 14-én folytatták az előrenyomulást Moszkva felé, az alakulat október 29-én már Tula előtt állt. 1941. november 9-én azonban az osztály zömének ki kellett ürítenie az állásait Tulánál.

1941. december első két hete -45 fokos hideget hozott, a német csapatok előrenyomulása megtorpant. Mindeközben a szovjetek a német hírszerzés tudta nélkül nagy mennyiségű haderőt gyülekeztettek a körzetben. 1941. december 2-án a Naro-Fominszk irányába indított német támadások belefutottak két szovjet harckocsidandár és a két sí-zászlóalj ellenlökésébe, amelyek visszavetették a németeket a megindulási állásaikba. Kezdetét vette az általános szovjet ellentámadás. Az osztály 1941. december végére Spassz-Demenszk körzetébe vonult vissza.

1942. január 16-17-én az osztály a -40 fokos hideg ellenére részt vett a Szucsinszki közelében bekerített 216. gyaloghadosztály sikeres felmentésében, majd folytatta a visszavonulást. Az alakulat 1942 februárjától áprilisig a Szmolenszk – Vjazma – Moszkva országút körzetében tevékenykedett. Ebben az időszakban léptették elő őrnaggyá Pritzbuer századost, akit azonban betegsége miatt 1942. március 21-én Bergmann százados váltott beosztásában.

1942 áprilisában az osztály Naro-Fominszk környékén vívott súlyos harcokat, majd júniusban Kurszk körzetébe vonult, hogy részt vegyen a Sztálingrád, illetve a Kaukázus irányába végrehajtandó „Kék" hadműveletben. Az alakulat 1942. június 26-tól Sztálingrád felé haladt és 1942. július 4-re elérte a Dont. Az osztály parancsnokságát júniusban Brauneisen őrnagy vette át.

Az osztályt, miután a hadművelet kezdetén kulcsszerepet játszott Voronyezs elfoglalásában, 1942. július 9-én visszarendelték Németországba feltöltésre. Az alakulat Spassz-Demenszkbe vonult, ahol 1942. július 13-án bevagonírozott és elindult Treuenbrietzenbe. Ide 1942. július 19-én érkezett be, ezt követően a teljes állomány eltávozást kapott. Ezt követően az ütegeket megfelezték: egy részüket felszerelték az új, hosszúcsövű StuG. III Ausf. F rohamlövegekkel, a másik részüket pedig egy új rohamlövegosztály felállításához használták fel.

A 226. rohamlövegosztályt 1942. augusztus 11-én Treuenbrietzenben ismét bevagonírozták és a franciaországi Rouentől 35 km-re, északnyugatra fekvő Motteville-be szállították. A kanadaiak 1942. augusztus 19-i dieppe-i partraszállása során az alakulatot riadóztatták ugyan, de a német csapatok olyan gyorsan elhárították a támadást, hogy bevetésükre már nem került sor.

1942. szeptember 9-én az osztályt újfent bevagonírozták és a Leningrádtól délnyugatra fekvő Jassznovba küldték, ahol az Észak Hadseregcsoport I. hadtestének az alárendeltségébe került. Az alakulat súlyos veszteségeket szenvedett Szcsapki Virszinónál.

A 226. rohamlövegosztályt később Mga körzetébe vezényelték, hogy a 3. hegyihadosztály alárendeltségében részt vegyen a várost elfoglalni igyekvő, ám csapdába került szovjet 2. csapásmérő hadsereg megmaradt kötelékeinek felszámolásában. Noha a támadás 1942. szeptember 20-ára tervezett megindítását szovjet tüzérségi és aknavetőtűz késleltette, az ellenállási gócpontokat heves harcokat követően 1942. október 2-ára felszámolták. Az osztály a Néva folyó körzetébe vonult, ahol Gorodok közelében a 170. gyaloghadosztályt támogatta decemberig.

A szovjet csapatok 1943. január 12-én -28 fokos hidegben a Néva befagyott vizén támadva Posszeloknál bekerítettek öt rohamlöveget. Az osztály többi része a 61. gyaloghadosztály támogatásával Schlüsselburgnál áttört az arcvonalon, majd miután úgy értékelték, hogy nem tudják tartani az állásaikat, 1943. január 18-án utasították, hogy törjön ki. A túlélők Szinjavinónál érték el a saját vonalakat, ahol az osztály parancsnokságát Keysler őrnagy vette át.

A 226. rohamlövegosztály a leningrádi arcvonalon 88 szovjet harckocsit semmisített meg, s ezzel az alakulat által 1941. június 22-e óta elpusztított ellenséges páncélosok száma 309-re nőtt. A 400-ik harckocsit 1943 márciusában semmisítették meg, és az alakulatot 1943. március 26-án – amikor az osztály már a 414-ik ellenséges páncélosnál tartott – megemlítették a Német Haderő Dicsőségkönyvében (Ehrenblatt des Deutsches Heeres) is. A szovjetek kétségbeesetten igyekeztek visszafoglalni Szinjavinot és Mga-t, a német csapatok azonban mindkét fontos ellátó központnál kitartottak, s ebben kulcsfontosságú szerepet játszott a 226. rohamlövegosztály is.

Fényképes krónikánk körülbelül ennél az időpontnál szakad meg. A 226. rohamlövegosztály továbbra is a keleti fronton harcolt, s 1944. február 14-én átnevezték 226. rohamlövegdandárrá.

Tom Cockle

INTRODUCTION

This book presents the reader with a collection of photographs of Sturmgeschütz-Abteilung 226 from its early training at the Old Camp at the Jüterbog Truppenübungsplatz in the spring of 1941 through to combat operations during the winter of early 1943.

StuG.Abt.226 was formed on 17 February 1941 initially under the command of Hauptmann Pritzbuer. The unit was organized under K.St.N.446 dated 18 April 1941 into three batteries of six Sturmgeschütz plus one for each battery commander and one for the battalion commander in the headquarters battery. Under the previous K.St.N.445 dated 1 November 1939, the platoon commanders were issued with leichter Gepanzerter Beobachtungswagen (Sd.Kfz.253), a lightly armored observation half-track. When sufficient Sturmgeschütz became available for issue to the platoon commanders, these replaced the Sd.Kfz.253, many of which were then retained by the individual units. It appears that StuG.Abt.226 were never issued with any the Sd.Kfz.253 as none appear in any of the photographs.

In addition to the Sturmgeschütz, each platoon of two vehicles were issued with one leichter Gepanzerter Munitionstransportwagen (Sd.Kfz.252) ammunition carrier with an ammunition trailer (Sd.Ah.32/1) capable of carrying an addition 64 rounds of ammunition. The unit organization was rounded out with several transport and staff vehicles including a maintenance detachment equipped with an Sd.Kfz.9 heavy half-track towing vehicle and an Sd.Ah.116 tank transport trailer with a capacity of 22 tons, and other support vehicles.

When its training was complete, the unit was sent by rail on 29 May 1941 to Warsaw and then by road to the assembly area near Wegrow. There it was attached to IX.Armeekorps, part of 4.Armee in Heeresgruppe Mitte for Operation 'Barbarossa', the invasion of the Soviet Union. Upon arrival and, against the principles of employment of the Sturmartillerie, the batteries were separated and assigned to 137., 292. and 263.Infanterie-Divisions respectively.

During the first days of combat, StuG.Abt.226 encountered its first Russian tanks and knocked out many of them with few losses to themselves. By the end of June, they had taken part in several armored battles, knocking out a number of Soviet light tanks.

It was reported that by 3 July 1941, they had knocked out 107 tanks and were then reassigned to XXXVII. Armeekorps and Panzergruppe 2 of Generaloberst Guderian. From 9 to 12 July 1941, they took part in the fighting between Orscha and Vitebsk. reaching Minsk on 9 July 1941. From here, the battalion headed north in the direction of Vitebsk, which was taken 12 July 1941. On 15 July 1941, the battalion with IX.Armeekorps surrounded and took Orscha on 16 July 1941.

The battalion was ordered to break through the Russian positions about 40km west of Orscha and head north from Obolay towards Konowtschino and establish contact with 12.Panzer-Division near Podbariza. On 21 July 1941, the battalion fought at Borodino, which was captured that day.

At that point, Panzergruppe Guderian was diverted from the attack on Moscow and turned south toward Kiev to reinforce Armeegruppe Süd. On 2 August 1941, the battalion turned in the direction of Roslavl and on 4 August 1941, reached the main road from Roslavl to Moscow. Here they were engaged in all the fighting for Roslavl. From there they advanced toward Gomel, now attached to XXIV. Panzerkorps commanded by General von Geyr with the objective of taking Kiev.

On 15 August 1941, they were involved in heavy fighting near Weisejewko and Kritshev, which continued until 20 August 1941. By the beginning of September they were on the outskirts of Tschernigov, which was taken after an eight-day battle. On 9 September 1941, they pursued the retreating enemy toward Kiev, reaching the city on 18 September 1941.

The German assault began on 18 September 1941 and by 24 September 1941, Kiev was in German hands. Approximately 665,000 Soviet soldiers were captured along with large numbers of armored vehicles and guns captured or destroyed. Once more, Panzergruppe 2 was redirected north to support Heeresgruppe Mitte in Operation 'Typhoon', the final drive on Moscow.

On 2 and 3 October 1941, they fought around Orel. After taking the city, the battalion was directed to Briansk. On 14 October 1941, they continued the advance toward Moscow and by 29 October 1941, the battalion stood before Tula. On 9 November, most of the battalion had to abandon their positions at Tula.

The first two weeks of December 1941 saw the temperature plunge to minus 45 degrees Celsius and the German advance came to a standstill. In the meantime, the Soviets had built up a large number of forces that German intelligence had failed to detect. On 2 December 1941, German attacks in the direction of Naro-Fominsk were met with a Soviet counterattack with two tank brigades and two ski battalions that drove the Germans back to their start lines. The general Soviet counter offensive had been launched. By the end of December 1941, the battalion had retreated to the area of Spass-Demensk.

On 16 and 17 January 1942, the battalion took part in the successful relief of 216.Infanterie-Division encircled near Suchiniski in minus 40 degree Celsius weather conditions. After this, the battalion continued to retreat. From February to April 1942, the battalion was in action on the Smolensk-Viasma-Moscow highway. During this time, Hauptmann Pritzbuer was promoted to Major but was replaced by Hauptmann Bergmann when he became ill on 21 March 1942.

In April 1942, they took part in heavy fighting in the Naro-Fominsk area and in June, were moved to the vicinity of Kursk to take part in Operation 'Blue', the drive toward Stalingrad and the Caucasus. From 26 June 1942, the battalion marched in the direction of Stalingrad and by 4 July 1942, had advanced to the Don River. Command of the battalion had been turned over to Major Brauneisen in June.

At the beginning of the offensive, the battalion was instrumental in the capture of Voronezh and then, on 9 July 1942, the battalion was ordered back to Germany for refitting. They proceeded to Spass-Demensk where they were loaded on trains on 13 July 1942 arriving in Treuenbrietzen on 19 July 1942, when everyone was given leave. Here, the batteries were divided in two with one half equipped with the new long barreled StuG.III Ausf.F and the other half forming the cadre for a new Sturmgeschütz battalion.

On 11 August 1942, StuG.Abt.226 was loaded on trains at Treuenbrietzen and shipped to Motteville, 35 km northwest of Rouen in France. When the Canadians landed at Dieppe on 19 August 1942, the battalion was put on alert but since the attack was quickly overcome, were not deployed.

On 9 September 1942, the battalion was entrained and sent to Jassnow, southwest of Leningrad where it was attached to I.Armeekorps, 18.Armee of Heeresgruppe Nord. Here, the battalion suffered heavy losses at Schapki Virsino.

Later, StuG.Abt.226 was ordered to the area of Mga where it was assigned to support 3.Gebirgs-Division in clearing out a pocket of resistance formed when the Soviet 2nd Shock Army was trapped while attempting to capture Mga. The attack scheduled to begin on the morning of 20 September 1942 was delayed by a pre-emptive mortar barrage by the Soviets and was late getting started, however after heavy fighting the pocket was eliminated on 2 October 1942. The battalion moved into the area of the Neva River in support of 170.Infanterie-Division near Gorodok, where the fighting lasted into December.

On 12 January 1943 in temperatures that were minus 28 degrees Celsius, the Russians attacked over the ice of the frozen Neva River encircling five Sturmgeschütz at Posselok. The rest of the battalion supported by 61.Infanterie-Division broke through the Russian front at Schlüsselburg and when it was determined that it could not be held, they were ordered to break out on 18 January 1943. The survivors reached Ssinjavino where Major Keysler took over command of the battalion.

On the Leningrad Front, StuG.Abt.226 had destroyed 88 Soviet tanks bringing their total to 309 since 22 June 1941. The battalion destroyed its 400th tank in March 1943 and was named to the Honor Roll of the German Army on 26 March 1943 at which time their total had risen to 414. The Soviets tried desperately to retake Ssinjavino and Mga however, the Germans held on to these important transportation centers for which the men of StuG.Abt.226 played a key role.

It is around this time that our photographic coverage ends. StuG.Abt.226 continued to fight on the eastern front and on 14 February 1944 was re-designated Sturmgeschütz-Brigade 226.

Tom Cockle

Az 1. üteg hat új StuG. III Ausf. B rohamlövege sorakozik a jüterbogi gyakorlótér régi barakkjainál 1941 tavaszán. Az alakulatot kezdetben az 1941. április 18-i K.St.N.446 alapján állították fel, három, egyenként hét járműből álló üteggel. Minden egyes páncélosra felfestették az alakulatjelzést (egy dombtetőn álló stilizált rohamlöveg), a fehér hasábkeresztet és a háromjegyű harcászati azonosítószámot. A harmadik rohamlövegen tisztán látható a „112"-es szám.

Six new StuG.III Ausf.B from 1.Batterie lined up at the Old Camp at the Jüterbog Truppenübungsplatz in the spring of 1941. Initially, they were organized into three batteries of seven vehicles in accordance with K.St.N.446 dated 18 April 1941. Each vehicle is marked with the unit emblem, a stylized assault gun cresting a hill, plus a white outline Balkenkreuz and three-digit tactical number. The number 112 shows up clearly on the third vehicle.

Ezekre a frissen átadott StuG. III Ausf. B-kre még sem az alakulatjelzés, sem a harcászati azonosítószámok nem kerültek fel. A frontpáncélzatra krétával írták fel a 90323-as alvázszámot és azt, hogy a jármű az 1. üteg állományába került. Az alvázszám alapján ez a rohamlöveg az utolsó száz Ausf. B egyike (90101-90400). Több jármű felépítményén még rajta van a rendszeresített védőponyva. Figyeljük meg, hogy a páncélosok korai lánfeszítőkerékkel vannak felszerelve!

These newly issued StuG.III Ausf.B have not yet received their unit emblem or tactical numbers. The chassis number 90323 and its assignment to 1.Batterie has been chalked onto the glacis plate. This number places it close to the end of Ausf.B production (90101-90400). Some vehicles still have their weatherproof custom fitted tarp in place over the superstructure. Note that they are also fitted with the early rear idler.

This Ford V8 Typ G48 staff car from 2./226 loaded for rail transport, still carries it's German civilian license plate. The IIC indicates it was registered in Niederbayern before it was requisitioned for military use. At the extreme right we can see it has already been fitted with a Notek blackout driving light. The tactical sign appears to be painted in yellow ochre in contrast to the white visibility marking also painted on the fender.

A 226/2. üteg bevagonírozott Ford V8 Typ G48 parancsnoki kocsiján még polgári rendszám látható. A IIC arra utal, hogy a gépjárművet Niederbayern-ben állították forgalomba, mielőtt lefoglalták volna a katonai használatra. A kép bal szélén látható, hogy már felszerelték rá a csökkentett fényerejű Notek-lámpát. A sárvédő fehérre festett szélével összehasonlítva a harcászati jelzés valószínűleg sárga színű volt.

Az 1. üteg három új StuG. III Ausf. B rohamlövege a jüterbogi gyakorlótéren, 1941 tavaszán. Jól látható a „132"-es, „131"-es és „121"-es harcászati azonosítószám. Az Ausf. B változatot az öntött meghajtókerék, a korábbiakhoz képest előrébb szerelt első visszafutógörgő és a 40 cm széles lánctalp különböztette meg az előd Ausf. A-tól. Figyeljük meg a nem szabványos fém védőkeretet az első sárvédőkre szerelt Notek-lámpa, jelzőfény és kürt körül!

Three new StuG.III Ausf.B from 1.Batterie on the training field at Jüterbog in the spring of 1941. The tactical numbers 132, 131 and 121 can be seen clearly. The cast drive sprockets, relocated front return roller and 40cm tracks differentiate the Ausf.B from the earlier Ausf.A. Note the addition of the non-standard steel brush guards on the front fenders to protect the Notek, marker lights and horn from damage.

Egy újabb korai fénykép az alegység egyik StuG. III Ausf. B rohamlövegéről, amelyet még azelőtt készítettek, hogy felfestették volna az alakulatjelzést és a harcászati azonosítószámot. Az emelő hiányzik a jobb sárvédő hátsó részéről.

This is another earlier photo of one of the units StuG.III Ausf.B taken prior to the painting of the unit emblem and tactical numbers. The vehicle jack that was mounted on the right rear fender is missing here from its brackets.

Egyértelműen látszik a képen, hogy a StuG. III orrnehéz volt, ami annak volt köszönhető, hogy a súlyos 7,5 cm-es StuK L/24 löveget az alváz első részébe építették. A bal oldali sárvédőre, a felépítmény mellé egy pár csőtisztító rudat és a hozzá tartozó kefét helyezték el.

The nose heavy attitude of the StuG.III can be clearly seen in this photo. The heavy 7.5cm StuK L/24 was located in the forward part of the chassis causing this. A pair of gun cleaning rods and a bore brush was mounted on the left fender beside the crew compartment.

A „122"-es StuG. III Ausf. B egy Sd.Ah. 116 nehéz mélyrakodó utánfutón. A kép valószínűleg még akkor készült, amikor az alakulat Jüterbogban volt és a katonák itt minden bizonnyal a felszerelések és eszközök helyes használatát gyakorolják. A hátsó, kormányozható részt előbb lekapcsolták és félreállították, hogy a páncélossal fel tudjanak állni, majd újra rákapcsolták a trélerre.

StuG.III Ausf.B 122 has been loaded onto an Sd.Ah.116 heavy transport trailer. It seems likely that this took place while the unit was still in Jüterbog and this may be a training exercise to practice using the equipment. The rear of the trailer was disconnected and moved away from the load bed to allow the vehicle to loaded and then the rear was winched up and reconnected to the steerable back end.

A 2. üteg részei gyülekeznek a jüterbogi gyakorlótéren. A katonák a rohamlövegek kezelői számára a fekete harckocsizó egyenruha alapján tervezett szürke tábori egyenruhában vannak. Minden egyes üteg három Sd.Kfz. 252 féllánctalpas lőszerszállítóval és a hozzájuk tartozó Sd.Ah.32/1 lőszerszállító utánfutóval, számos motorkerékpárral, illetve különböző terepjáró személygépkocsikkal és teherautókkal rendelkezett. A jobb oldalon az ütegek állományába tartozó öt-öt Zündapp KS750 motorkerékpár egyike látható.

Here we can see elements of 2.Batterie assembled at the training grounds at Jüterbog. The men are wearing the field grey assault gun uniforms patterned after the black panzer uniform. Each battery was equipped with three Sd.Kfz.252 ammunition half-tracks each with an Sd.Ah.32/1 ammunition trailer, several motorcycles and various cross-country cars and lorries. A Zündapp KS750 motorcycle combination, one of five in each battery, is seen at the right.

A 2. üteg „231"-es harcászati azonosítószámú StuG. III Ausf. B rohamlövege, valószínűleg kiképzés közben Jüterbogban. A két első vonószem közé tartalék lánctagokat helyeztek, a Notek-lámpát és a kürtöt mindkét első sárvédőn egy-egy fémkeret védi. A motortéren álló tiszthelyettes minden bizonnyal egy kiképző.

StuG.III Ausf.B 231 from 2.Batterie probably during training at Jüterbog. Additional track links have been added between the front towing brackets as well as steel strap brush guards over the Notek light and horn locations on the front fenders. The army NCO is standing on the engine deck is likely an instructor.

Egy büszke szakaszvezető pózol a StuG. III Ausf. B rohamlövege előtt. A fehér „232"-es harcászati azonosítószám és a sárga harcászati jelzés alapján a jármű a 2. üteg állományába tartozik. Ezen a képen is jól láthatók a két első sárvédőre rögzített gallyvédő lemezek. Figyeljük meg a 40 cm-es szélességű lánctalpakhoz gyártott 95 mm széles futógörgőket! A képen a korai Kgs 61/400/120 lánctagok láthatók, még egyetlen szélső összekötő szárral.

A proud Unteroffizier poses for a picture in front of his StuG.III Ausf.B. The tactical number 232 painted in white along with the tactical emblem painted in yellow indicates it belongs to 2.Batterie. The construction of the brush guards on the left and right fenders is quite obvious here as well. Note as well the 95mm wide road wheels developed for use with the 40cm wide tracks. These are the initial 40cm wide Kgs 61/400/120 tracks with the single side bar.

▸ Egy Ford V8 Typ G91A Spezial „Tudor" a 2. üteg állományában. Az egyes ütegeknél minden járművet sorszámmal láttak el a beazonosíthatóság érdekében, jelen esetben a 240-es kocsit láthatjuk. A sík terep és a légi azonosításra szolgáló zászló alapján úgy tűnik, a fénykép Oroszországban készült, nem sokkal a „Barbarossa" hadművelet kezdetét követően. A tető elején látható két „szarv" szerepe nem ismert.

▸ A Ford V8 Typ G91A Spezial 'Tudor' version in service with 2.Batterie. All vehicles within the individual batteries were numbered for identification, this one being 240. The photograph appears to have been taken in Russia after the beginning of Operation 'Barbarossa' considering the aerial recognition flag and the flat terrain. The purpose of the two 'horns' on the front of the roof is unknown.

Ezen az előző járműről hátulról készült fényképen jól láthatók a különleges átalakítások, amelyeket a rádiókészülék elhelyezése igényelt. A polgári rendszám IA előtagja alapján a gépjárművet korábban Berlinben állították forgalomba. A háttérben egy Sd.Kfz. 252 lőszerszállító és egy Sd.Ah. 32/1 lőszerszállító utánfutó látható. A féllánctalpas hátuljára felfestették a „235"-ös harcászati azonosítószámot, az utánfutó sárvédőjére és a gépkocsi hátuljára pedig az alakulatjelzést.

Another view of the same car from the rear showing the special modifications made for carrying radio equipment. The civilian license plate prefix IA indicates it was registered in Berlin previously. In front of it is an Sd.Kfz.252 ammunition carrier and an Sd.Ah.32/1 ammunition trailer. The tactical number 235 is painted on the rear of the half-track and the unit emblem is painted on the fender of the trailer and rear of the car.

Az alakulat járműveinek kavalkádjában legalább két StuG. III Ausf. B, több tehergépkocsi, motorkerékpárok és egy Ford V8 Typ G92A „Spezial", amelyen szintén felfedezhető a nagyméretű hátsó tároló doboz. Úgy tűnik, a járművek karbantartása sok munkát adott a katonáknak.

A number of vehicles including at least two StuG.III Ausf.B, several lorries, motorcycles and a Ford V8 Typ G92A Spezial limousine which has also been fitted with a large rear stowage bin on the rear. There appears to be a lot of activity happening most likely on maintenance of the vehicles.

Újabb fénykép a 2. üteg járműveiről, amelyek a jüterbogi gyakorlótéren gyülekeznek. A kép bal szélén kiváló minőségben láthatjuk egy Auto Union Horch 901 typ 40 (Kfz. 15) sárvédőjén az alakulat jelzését és a 200-as számot. Az oldalkocsis BMW R75 mellett álló szakaszvezetőn egy olyan, kifejezetten a motorkerékpárosok számára kifejlesztett, gumírozott kabát (Kradmantle) van, amely a későbbiekben igencsak kedvelt viseletnek bizonyult a német tisztek körében. A katona övén egy M1935 mintájú térképtáska látható.

Another view of the vehicles of 2.Batterie massed in a field at Jüterbog. On the left we have an excellent close-up of the unit emblem and the number 200 painted on the fender of an Auto Union Horch 901 typ 40 (Kfz.15). The Unteroffizier standing beside the BMW R75 motorcycle combination is wearing the rubberized Kradmantle developed for use by motorcyclists and later favored by many German officers and is carrying an M1935 map case on his belt.

A „132"es StuG. III Ausf. B kezelőszemélyzete éppen egy vontatókábelt készül felerősíteni egy másik rohamlövegre, hogy kivontassa járművét egy árokból. Mindkét jármű küzdőterének tetőlemezén, a parancsnok búvónyílásánál napellenzővel ellátott S.F.14.Z.Gi típusú szögtávcső látható. A motortér fedőlemezének hátuljára egy kezdetleges fémkeretet erősítettek, amelybe egy tartalék futógörgőt és egy két faládát helyeztek el.

The crewmembers of StuG.III Ausf.B 132 prepare to attach tow cables to another StuG.III to assist in pulling it out of a ditch. Both vehicles have the Scherenfernrohr S.F.14.Z.Gi scissors telescope with sun shields fitted to the roof of the crew compartment in front of the vehicle commander. A rudimentary metal frame for holding stowage has been added to the rear of the engine deck and has managed to keep both boxes and a spare road wheel in place.

A 3. üteg „312"-es harcászati azonosítószámú StuG. III Ausf. B rohamlövege halad át egy félig-meddig lerombolt orosz falun, 1941 nyarán, a „Barbarossa" hadművelet során. A lövegcső torkolatára valamilyen vászondarabot kötöztek, hogy minimalizálják a csőbe kerülő por mennyiségét. A frontpáncélzat döntött lemezére festett jelzések a kilőtt ellenséges bunkerek számát jelzik.

A StuG.III Ausf.B 312 from 3.Batterie passing through a damaged Russian village in the summer of 1941 during Operation 'Barbarossa'. A cloth has been tied around the muzzle of the gun to minimize the amount of dust entering the gun barrel. The markings painted on the front slope of the superstructure seem to indicate the number of knocked out enemy bunkers.

A 3. üteg két StuG. III Ausf. B rohamlövege egy javításra váró járművek részére felállított szmolenszki gyűjtőponton 1941 nyarán. Az előző képen látható „312"-es, ezúttal azonban sérüléssel a frontpáncélzat jobb oldalán. A háttérben egy 1940-ben zsákmányolt, majd a német igényeknek megfelelően átalakított francia Panhard P-178 páncélgépkocsi, új megnevezéssel Pz.Sp.Wg. Panhard 178-P204(f).

Two StuG.III Ausf.B from 3.Batterie at a collection point for vehicles under repair in Smolensk in the summer of 1941. This is 312 from the previous photo but note the gouge in the right side of the front plate. In the background is a French Panhard P-178 armored car captured in 1940 and converted to German use as the Pz.Sp.Wg. Panhard 178-P204(f).

A 3. üteg egy másik StuG. III Ausf. B rohamlövege, a „312"-eshez hasonló, bunkerek leküzdését jelző győzelmi strigulákkal. Az alakulatjelzést nem csak a páncélteknő elejére, hanem a felépítmény frontpáncélzatának a jobb oldalára is felfestették. Figyeljük meg a bal oldalra kötéllel felerősített tartalék futógörgőt!

Another 3.Batterie StuG.III Ausf.B with a similar bunker marking to 312. In addition to the unit emblem painted on the glacis, another has been painted on the vertical plate on the right side of the superstructure. Note as well the spare road wheel tied with rope to the left side of the superstructure.

A „312"-es StuG. III Ausf. B a már ismert sérüléssel a frontpáncélzatán egy leroskadt fahídon halad keresztül, miközben egy másik rohamlöveg a sorára vár a háttérben.

A view of StuG.III Ausf.B 312 with the gouge in the front armor plate as it makes its way across a collapsed wooden bridge while another waits its turn behind.

A „311"-es harcászati azonosítószámú StuG. III Ausf. B döntött frontpáncélján is leküzdött bunkereket jelző ábrát láthatunk, úgy tűnik, ez bevett szokás volt a 3. ütegnél. Az eredeti sötétszürke festést jelentősen letompítja a járműre rakódott por.

StuG.III Ausf.B 311 also displaying bunker markings on the sloped front armor plate, a practice that seems particular to 3.Batterie. The original dark grey paint is heavily muted by the accumulation of dust on the vehicle.

A „312"-es harcászati azonosítószám halovány an kivehető a páncélteknő frontpáncélzatára festett alakulatjelzés mellett, noha mindkettőt sűrű porréteg fedi. Újfent jól láthatók a megsemmisített bunkereket jelző sávok a felépítmény döntött frontpáncélzatán. Az első sárvédőkön kivágták a gallyterelők helyét, így teljesen hátra lehetett őket hajtani, vízszintes állapotba. Figyeljük meg a frontpáncélzat jobb szélén a már ismert sérülést!

A tactical number 312 can be faintly seen painted on the glacis plate beside the unit emblem, both obscured by a heavy coating of dust. The bunker markings also appear on the sloped front armor plate and this particular StuG.III Ausf.B, also has slots cut out on the front fenders to accommodate the brush guards and permit the fender to lay flat when it is flipped up. Note as well the gouge in the right corner of the front plate

A láthatólag sérült, „321"-es harcászati azonosítószámú StuG. III Ausf. B-t egy minden bizonnyal egy Sd.Kfz. 9 nehéz vontató után kötött Sd.Ah.116 mélyrakodó utánfutóra állították, hogy a mögöttes területre szállítsák javításra. Ezen a rohamlövegen is látható a bunkerek elleni támadások jelzése a döntött frontpáncélon és a kivágások az első sárvédőn a gallyterelők részére.

An apparently damaged StuG.III Ausf.B with the tactical number 321 has been loaded onto an Sd.Ah.116 tank recovery trailer that is undoubtedly attached to an Sd.Kfz.9 heavy half-track prime mover for transport to a rear area for repairs. It also features the bunker assault markings painted on the sloped front armor plate and cut outs in the fenders to accommodate the brush guards.

A 3. üteg egy másik StuG. III Ausf. B rohamlövegén jól látható kilőtt bunkerek stencillel felfestett jelzése. A kezelők szerencséje, hogy túlélték azt a három, egymáshoz igencsak közel becsapódó találatot, amely végül nem tudta átütni a jármű 50 mm-es páncélzatát.

Another StuG.III Ausf.B from 3.Batterie providing a clear view of the stenciled bunker markings. The crew is fortunate to have survived the three closely spaced hits on the front hull plate that have failed to penetrate the vehicles 50mm thick armored plate.

Görbült és hiányos jobb oldali sárvédőjével, a fényszóró sérült burkolatával, a harmadik futógörgőről hiányzó gumival és a frontpáncélzat jobb szélét ért találattal némileg viseltesnek tűnik a „312"-es StuG. III Ausf. B rohamlöveg. A jobb oldali sárvédőre egy farönköt kötöztek, ezzel segítettek, ha a jármű elakadt a puha, felázott talajon.

StuG.III Ausf.B 312 looking a bit battle worn with its broken and missing right fender, damaged headlight shroud, missing rubber tire on the third road wheel station and gouge in the front plate. A log has been tied to the right fender to assist if the vehicle should become stuck in soft ground.

Még egy fénykép a „312"-es StuG. III Ausf. B rohamlövegről, amint az oroszországi Konotop körzetében halad egy sáros úton 1941 nyarának végén. A harcjárművet az alakulat két Sd.Kfz. 252 lőszerszállítója követi.

Another photo of StuG.III Ausf.B 312 as it makes its way along a muddy road during the late summer of 1941 in the area of Konotop in Russia. Following behind are two of the units Sd.Kfz.252 ammunition carriers.

A „231"-es harcászati azonosítószámú StuG. III Ausf. B-t egy Sd.Ah.116 mélyrakodó utánfutón szállították, mikor leszakadt alattuk a fahíd, amin épp átkeltek. A fényképen azt láthatjuk, ahogy a mélyrakodót átvizsgálják, mielőtt megkezdik a műszaki mentést. A StuG. III már korábban megsérült bal oldali sárvédőjét a homlokpáncélzatra fektették.

StuG.III Ausf.B 231 was being transported on an Sd.Ah.116 tank transport trailer when the wooden bridge it was crossing collapsed. In this photo we can see the trailer being inspected for damage prior to the recovery operation. The damaged left front fender of the StuG.III has been removed previously and is being carried on the glacis plate.

A műhelyszakasz katonái egy tiszt felügyelete alatt azon igyekeznek, hogy nehéz deszkákat helyezzenek a tréler kerekei elé a mentési folyamat megkönnyítése végett. Ketten törtfehér farmeranyagból készült egyenruhát viselnek, amelyet a háború előtti években, illetve a háború első éveiben használtak a készletek erejéig.

Men from the Werkstattzug struggle to move heavy wooden planks in place to facilitate the recovery under the supervision of an officer. Two of the men are wearing the off-white Denim Fatigue Uniform tunic made of unbleached denim that was used extensively in the years before the war and during the early war years until stocks were depleted.

A vontatókábelt már felrögzítették a StuG. III-ra, hogy levontassák az Sd.Ah.116 mélyrakodóról. A harcjármű valószínűleg már eleve mozgásképtelen volt és ezért kellett így szállítani, és saját erejéből nem tudott lehajtani a trélerről. Ha mégsem volt mozgásképtelen, a meghajtott lánctalpak minden bizonnyal szükségtelen károsodást idéztek volna elő a mélyrakodón és annak kerekein, ezért a levontatás lehetett a legjobb megoldás.

The StuG.III now has a tow cable attached to assist pulling it over the front end of the Sd.Ah.116 trailer. It's likely the vehicle was immobile, requiring it to be transported in this manner and it wasn't able to power itself off the trailer. Even if it wasn't immobile, the action of the tracks under power might have caused unnecessary damage to the trailer and therefore, towing it off would have been the best solution.

▸ Egy másik StuG. III Ausf. B műszaki mentése egy másik Sd.Ah.116 mélyrakodó utánfutóról egy másik leszakadt fahídon. A fényhatások miatt a felépítmény oldalán nem látható semmilyen jelzés, de a bal sárvédő szélén látható gallyterelő arra utal, hogy a jármű a 226. rohamlövegosztály állományába tartozott. Figyeljük meg a légi azonosításra szolgáló zászlót és a motortér végére szerelt fémkeretet, amely a felszerelések tárolására szolgált! A farpáncélzatról hiányzik a füstgránátvető (Nebelkerzenabwurfvorrichtung) kerete.

▸ Another StuG.III Ausf.B being recovered from an Sd.Ah.116 tank transport trailer on a different collapsed wooden bridge. Due to the lighting, none of the markings on the side of the superstructure are visible, but the style of brush guard on the left front fender indicates it belongs to StuG.Abt.226. Note the aerial recognition flag and steel frame added to the engine deck for holding stowage in place. It is also missing the Nebelkerzenabwurfvorrichtung (smoke grenade rack) from the rear plate.

A „322"-es StuG. III Ausf. B-ről készült fényképen kiválóan látható a fémrúdból, fémlemezből és szögvasból készült tárolórekesz a motortér hátulján, amelyben sok egyéb mellett két 200 literes üzemanyaghordót is elhelyeztek. Az alaphelyzetben a hordók alatt elhelyezett vontatókábelt a sárvédőre fektették, hogy szükség esetén azonnal hozzáférhető legyen. Erről a járműről is hiányzik a füstgránátvető kerete.

This photo of StuG.III Ausf.B 322 provides an excellent view of the construction using angle, rod and flat strap, of the stowage rail on the rear of the engine deck. Two 200liter steel fuel drums are being carried along with some other items. The tow cable, normally stowed where the fuel drums sit, have been stretched out along the fender to make them immediately accessible should the need arise. It too is missing the Nebelkerzenabwurfvorrichtung.

Egy kép az új, „222"-es harcászati azonosítószámú StuG. III Ausf. B-ről és a „224"-es számú Sd.Kfz. 252 lőszerszállítóról kiképzés közben Jüterbogban, 1941 tavaszán. Mindkét járműre felfestették a fehér alakulatjelzést, de csak a féllánctalpason látható a rohamlöveg-ütegek valószínűleg sárga harcászati jelzése. Mindemellett a lőszerszállító rendelkezik a szabványos Wehrmacht rendszámtáblával (WH – 852 356) is.

A photo of a new StuG.III Ausf.B 222 and its Sd.Kfz.252 ammunition carrier 224 taken during training at Jüterbog in the spring of 1941. Both vehicles carry the unit emblem marking in white but only the half-track is marked with the tactical sign for an assault gun battery, probably painted in yellow ochre. Additionally, the half-track carries the standard Wehrmacht vehicle registration plate with the number WH - 852 356.

A „225"-ös azonosítószámú Sd.Kfz. 252 féllánctalpas, frontpáncélján a rohamlöveg-ütegek harcászati jelével egy jármű oszlop élén. Noha megjelenésében nagyon hasonlít a hagyományos Sd.Kfz. 250 könnyű lövészpáncélosra, a lőszerszállítót a Panzeraufbau Sd.Kfz. 250/Z bázisán alakították ki, amely a motorházfedél és a küzdőtér négy-négy sarkára rögzített emelőkampókról és a kinézők fedőlemezeinek kettős nyílásáról, illetve a szögletes sárvédőkről ismerhető fel.

A column of vehicles led by an Sd.Kfz.252 ammunition half-track with the tactical number 225 and marked with the tactical sign for an assault gun battery in yellow ochre. While similar in appearance to the standard Sd.Kfz.250, these vehicles were produced on the Panzeraufbau Sd.Kfz.250/Z, which can be identified by the four lifting hooks on the engine deck and crew compartment along with the double vision slits in the visors and square corners on the fenders.

Egy korábbi képen már látott, „200"-as számú Auto Union Horch 901 Typ 40 (Kfz. 15) és egy StuG. III Ausf. B, valószínűleg „201"-es azonosítószámmal. A rohamlöveg-ütegek valószínűleg sárgával felfestett harcászati jelzése a jobb sárvédőn látható a szabványos, fehér téglalapba feketével festett Wehrmacht rendszám felett.

A StuG.III Ausf.B, probably 201, and the Auto Union Horch 901 Typ 40 (Kfz.15) with the number 200 seen in a previous photo. The tactical sign for an assault gun battery can be seen on the right fender, probably painted in yellow ochre, along with the standard Wehrmacht registration number painted in black on a white rectangle.

A „311"-es StuG. III Ausf. B motorházfedelére a személyzet a tartalék futógörgő mellé a saját felszerelését is felmálházta. Az emelő hiányzik a helyéről, de az „S" alakú vonószemek és a drótvágó a szabványos helyén láthatók a jobb sárvédőn, amelynek az elején megtalálható a jármű szerszámos doboza és az emelő fa alátétje is.

StuG.III Ausf.B 311 has a large mound of the crew's personal effects piled on the engine deck along with a spare road wheel. The vehicle jack is missing from its support brackets but we can see an 'S' towing hook, wire cutters and another 'S' hook mounted on the right fender in their standard locations. The vehicle toolbox and wooden jack block are at the front.

A „101"-es StuG. III Ausf. B az ütegparancsnok járműve volt, amelyet ezúttal egy rögtönzött hídon láthatunk valahol a Szovjetunióban 1941-ben. A motortérre egy fémlemezekből készült tárolórekeszt erősítettek a különböző felszerelések számára. A küzdőtér oldalán látható dobozszerű elemben volt elhelyezve a rádiókészülék. Figyeljük meg az oldalra rögzített csőtisztító kefe rúdjainak fémesen csillogó végeit!

StuG.III Ausf.B 101 is the personal vehicle assigned to the battery commander. It is seen here crossing a temporary wooden bridge in the Soviet Union in 1941 and has been fitted with a steel frame on the engine deck for stowage. The boxy projection on the side of the crew compartment contained the vehicle radio. Note the shiny alloy ends of the bore cleaning brushes stowed on the side.

A „322"-es StuG. III Ausf. B egy orosz falun robog át 1941 nyarán. A StuG. III Ausf. B-től az Ausf. E-ig bezárólag a Pz.Kpfw. III (7./Z.W.) alvázát használták alapnak, noha a külső indító nyílásának továbbra is megmaradt az alsó szélén zsanérozott zárófedele. A farpáncélon látható a füstgránátvetőnek (Nebelkerzenabwurfvorrichtung) először a Pz.Kpfw. III Ausf. H-n alkalmazott páncélozott burkolata.

StuG.III Ausf.B 322 is seen rolling through a Russian village in the summer of 1941. The StuG.III Ausf.B though Ausf.E used a chassis based on the Pz.Kpfw.III (7./Z.W.) although it retained the bottom-hinged flap covering the hole for the hand starter crank. It features the armored housing for the Nebelkerzenabwurfvorrichtung (smoke grenade rack) adopted on the Pz.Kpfw.III Ausf.H.

Úgy tűnik, a „111"-es StuG. III Ausf. B-t mozgásképtelenné tette egy akna. A robbanás mindkét sárvédőt és legalább egy torziós rudat megrongált valamint leszakította a bal lánctalpat és az egyik futógörgőt is.

StuG.III Ausf.B 111 appears to have been damaged by a mine rendering it immobile. The blast has damaged both fenders and broke the track on the left side including at least one torsion bar. One road wheel seems to be missing as well.

Az előző képen látható StuG. III Ausf. B egy másik szögből néhány gyalogossal és egy fogatolt szállító alakulat egyik szekerével. A jármű tetején a kezelőszemélyzet két tagja látható, mellettük az antennán pedig egy sárga-fekete zászló, amellyel a műszaki-mentő alegységnek jelezték az elakadt, mentésre váró járművet. Ezen a fényképen egyértelműen látszik, hogy a jobb oldali lánctalpat fordítva szerelték fel.

Another view of the same StuG.III Ausf.B with a number of infantry and horse drawn transport passing nearby. Two of the crew can be seen on the top of the vehicle and a yellow and black flag on the antenna indicates a broken down vehicle. In this picture it can be clearly seen that the right hand track has been installed backward.

Egy StuG. III Ausf. B halad egy poros földúton a Szovjetunióban 1941 nyarán. Noha nehezen látható, a személyzet két tagja és a járművön utazó két gyalogos kendővel takarta el az arcát a felverődő por miatt. Ilyen körülmények közepette nem tarthatott sokáig, hogy a jármű alapszíne teljesen eltűnjön a por alatt.

A StuG.III Ausf.B rolling along a dusty country road in the Soviet Union in the summer of 1941. Though difficult to tell for sure, it appears the two crewmen and the two infantry riding on the back have their nose and mouth covered with a kerchief against the dust. In conditions like this, it would not take long for the color of the vehicle to be completely obscured.

Egy StuG. III Ausf. B egy falut átszelő folyó felett német utászok által épített fahídon kel át a Szovjetunióban 1941 nyarán. Az egyik utász egy jelzőtárcsával segíti a páncélos vezetőjét, nehogy a keskeny hídról lecsússzon a járművel, miközben a legénység másik három tagja némileg aggódva utazik a felépítmény tetején.

A StuG.III Ausf.B crosses a wooden bridge constructed by German engineers over a river running through a Soviet village during the summer of 1941. A German engineer with a signal paddle is carefully directing the driver across the narrow bridge to prevent him from driving over the edge. The other three crewmen are cautiously riding on top.

Ismét a „132"-es StuG. III Ausf. B, ezúttal az utat elfoglaló szekerek mellett haladtában. A parancsnok búvónyílása előtt a minden rohamlöveghez rendszeresített S.F.14.Z.Gi szögtávcső (Scherenfernrohr) látható. A rohamlövegek kezelőit igen gyakran lehetett lencsevégre kapni rohamsisakban, ha a járművön kívül, vagy a nyitott búvónyílásokban utaztak.

This is another view of StuG.III Ausf.B 132 shown bypassing horse drawn wagons obstructing the road. The Scherenfernrohr S.F.14.Z.Gi scissors telescope that was part of the standard equipment provided to each vehicle can be seen at the front of the commander's hatch. It was fairly common to see assault gun crewmen wearing their steel helmets when travelling exposed like this.

Noha a frontpáncélzatra festett jelzések felismerhetetlenek a rárakódott por és kosz miatt, a felépítmény homlokpáncélzatán éktelenkedő sérülés alapján ez a „312"-es StuG. III Ausf. B. Jobbra, az úttest szélén egy, a harcászati jelzése alapján híradó-alakulathoz tartozó Mercedes-Benz 170 VK, mögötte pedig egy Auto Union Horch 108 Typ 1a parkol.

Although the markings on the glacis are completely obscured by dust and dirt, the gouge in the front armor plate identifies this as StuG.III Ausf.B 312. To the right, parked along the street, is a Mercedes-Benz 170 VK with the tactical sign for a signals unit with an Auto Union Horch 108 Typ 1a behind.

A „132"-es StuG. III Ausf. B sárvédőin jól megfigyelhetők az olyan sérülések, amelyeket a háttérben látható erdős területen történő áthaladás okoz. A járművön a 40 cm-es Kgs 61/400/120 típusú lánctalp második változata látható, amelynek a széleibe már jégkaparó karmokat (Hammerstollen) lehetett rögzíteni.

StuG.III Ausf.B 132 displays the kind of damage to its fenders caused by driving through forested areas as seen in the background. It is fitted with the second pattern of 40cm wide Kgs 61/400/120 tracks with slots in the ends of each track link for holding Hammerstollen ice sprags.

A „231"-es StuG. III Ausf. B egy füves rétet átszelő földúton halad előre a gyalogság kíséretében. A jármű hátulján nagy mennyiségű falombot halmoztak fel, hogy szükség esetén az egész páncélost le tudják vele álcázni. A fénykép valószínűleg a hadjárat korai szakaszában készült, hiszen a járművön nem látni sérülést.

StuG.III Ausf.B 231 is seen here moving along a dirt road through a grassy field while infantry march along with them. A large amount of cut foliage has been piled on the back of the vehicle that would no doubt be moved around to cover the whole vehicle if the need arose. This must have been taken early in the campaign as there is very little evidence of damage to the vehicle.

A „221"-es StuG. III Ausf. B-ről hátulról készült fényképen jól látható a ködgránátvető páncélozott borítására festett jelzések elhelyezése. A jármű mögött egy német katona egy szovjet hadifoglyot kérdez ki, miközben egy másik felemelt kezekkel gyalogol el mellettük. Figyeljük meg, hogy a vontatókábelt készenlétbe helyezték a bal sárvédőn, hogy szükség esetén már ne kelljen lepakolni a motortérre helyezett felszereléseket.

A rear view of StuG.III Ausf.B 221 showing the placement of the markings on the armored housing for the Nebelkerzenabwurfvorrichtung. Behind, a German infantryman is questioning a Soviet prisoner while another walks by with his hands raised. Note the tow cables have been placed in readiness on the left side fender so the engine deck stowage wouldn't have to be removed to access them in an emergency.

Az 1. üteg parancsnokának „101"-es számú StuG. III Ausf. B rohamlövege egy oszlop élén. A páncélost egy Sd.Kfz. 252 lőszerszállító követi. A löveg irányzóműszerének takarólemeze nyitva van. Egy fogat és két lovas katona halad az ellenkező irányba.

StuG.III Ausf.B 101, the personal vehicle of the 1.Batterie commander, in a column of vehicles immediately followed by an Sd.Kfz.252 ammunition half-track. The gun sight aperture is in the open position. Meanwhile, a horse drawn wagon and two men on horseback can be seen heading in the opposite direction.

A „122"-es StuG. III Ausf. B egy, az arcvonaltól egyértelműen távolabb fekvő orosz falun hajt keresztül. Tekintve, hogy a rohamlöveg személyzete négy főből állt, a jármű tetején utazó katonák egyike minden bizonnyal egy másik páncélos állományához tartozott. Számos katona derékig levetkőzött a nyári forróságban.

StuG.III Ausf.B 122 is seen driving through a Russian village in what is clearly a rear area away from the front. As there were only four men in a StuG.III crew, one of the men on the top must be from another crew. Several soldiers have stripped to the waist in the warm summer weather.

Két StuG. III Ausf. B áll egy mezőn, miközben a közelebbinek, a „222"-nek az egyik kezelője megbeszéli a helyzetet két német gyalogossal. Figyeljük meg a lövegcső torkolata elé kötött, ideiglenes porvédőként használt vászondarabot!

Two StuG.III Ausf.B halt in a field while the crew of the nearer one, number 222, discuss the situation with two fully equipped German infantrymen. Note the cloth tied around the muzzle as a makeshift dust protector.

Valószínűleg a „121"-es StuG. III Ausf. B pihenőn, egy lebombázott városban. Miközben néhány katona a helyiekkel beszélget, a többiek kipihenik a nemrégiben lezajlott összecsapást, amelynek egyik sebesültje a páncélos mögött térdel. A Stoewer R200 személygépkocsin egy tábornoki rendfokozat alatti tiszt parancsnoki zászlója látható.

A StuG.III Ausf.B, possibly 121, at rest in a bomb damaged city. While some of the soldiers are in conversation with local civilians, others relax after what seems to have been a recent battle judging by the wounded man kneeling at the left. The Stoewer R200 Pkw. on the left is carrying the command pennant for an officer below general rank.

A „131"-es StuG. III Ausf. B személyzetének két tagja a jármű 7,5cm-es StuK L/24 lövegét tisztítja a két darabból összeillesztett tisztítókefével. A két fából készült farudat, amelyeknek a végein fémburkolat volt menettel, a bal sárvédőn tárolták, külön erre a célra kialakított rögzítőcsatokkal. A csőtorkolatot védő burkolat a löveg helyretolószerkezetének a burkolatán hever. Jól megfigyelhető az első sárvédő tartószerkezete.

Two crewman of StuG.III Ausf.B 131 clean the barrel of the vehicles 7.5cm StuK L/24 using the two-piece bore cleaning brush. The wooden rods had metal alloy ends that screwed together and were carried on the left side fender in specially designed brackets. The dust cap for the muzzle has been removed and is sitting on top of the recuperator housing. The support structure for the front fender can be clearly seen here as well.

Az 1. üteg egyik StuG. III Ausf. B rohamlövege épp lehajt egy német utász katonák által épített kompról, miután átkelt egy orosz folyón, amelynek mindkét oldalán stabil rámpákat építettek farönkökből. A komp a két part között kifeszített kötél mentén mozgott. Figyeljük meg, hogy a jármű súlya majdnem elárasztja a kompot, miközben lehajt róla!

A StuG.III Ausf.B from 1.Batterie disembarks from a ferry constructed by German engineers after crossing a river in Russia. A ramp solidly constructed of sawn logs has been built on each side of the river to access the ferry, which is moved back and forth across the water by means of a rope stretched from bank to bank. Note how the weight of the vehicle almost swamps the pontoons as it exits.

A „132"-es StuG. III Ausf. B egy település központja felé tartó fogatolt alakulat mellett halad el egy macskaköves úton. A kép bal szélén a városba futó sínpár látható. A kezelőszemélyzet három tagja kiélvezi a friss levegőt, míg szerencsétlen negyedik társuk, a harcjármű vezetője bent rekedt a zsúfolt és forró küzdőtérben.

StuG.III Ausf.B 132 rolls along a cobbled road past a column of horse drawn wagons as they pass through a major center visible in the background. Railway tracks can be seen on the left leading back to the city. Three of the crewmen are enjoying a breath of fresh air leaving the unfortunate driver stuck inside the cramped and hot crew compartment.

A „221"-es StuG. III Ausf. B kezelői egy földút mellett pihennek és újságot olvasnak egy kényszerpihenő során. A háttérben sok más jármű mellett egy 8,8 cm-es FlaK 18 löveget vontató Sd.Kfz. 7 8 tonnás féllánctalpas és egy Krupp Protze félraj kocsi látható.

Crewmen of StuG.III Ausf.B 221 relax and read a newspaper while halted alongside a dirt road. Other vehicles in the background include an Sd.Kfz.7 8t half-track prime mover towing an 8.8cm Flak18 anti-aircraft gun and a Krupp Protze among others.

A 3. üteg két StuG. III Ausf. B rohamlövege és egy Sd.Kfz. 252 lőszerszállítója más alakulatok katonáival és járműveivel egy folyó közelében. A két rohamlöveg a „312"-es és „311"-es, míg a féllánctalpas a „314"-es azonosítószámú jármű. Figyeljük meg, hogy a két StuG hátuljára csak a számokat festették fel, míg egy korábbi képen látható, hogy a 2. üteg harcjárművén a szám valamivel feljebb van és az alakulatjelzést is felfestették rá!

Two StuG.III Ausf.B and an Sd.Kfz.252 ammunition half-track from 3.Batterie along with other men and vehicles gather near the edge of a river. The StuG.III's are 312 and 311 while the half-track is number 314. Note the different way markings are applied on the rear of the two StuG.III's with only a number while in a previous photo a StuG.III from 2.Batterie carried the number higher and included the unit emblem.

Egy másik kép a „301"-ről, ahogy megpróbál felkapaszkodni a túlparton és elakad a sárban. Számos katona ásóval és farönkökkel siet a jármű kimenekítésére, de úgy tűnik, végül gépi segítségre lesz szükség a feladat végrehajtásához. Figyeljük meg a fából készült hosszú védőtokot a motor szellőzőrácsa felett, amelybe az antenna lehajtott állapotban „belefeküdt"!

Another photo of 301 as it was trying to climb the opposite bank and became stuck in the soft mud. Several soldiers are lending a hand with shovels and wooden logs to try and help get it over the bank but it seems that a mechanical assist will be needed to complete the job. Note the long wooden trough attached to the engine air intake grilles and engine deck that protected the antenna from damage when it was lying in the down position.

A 2. üteg egyik StuG. III Ausf. B rohamlövegén vagy lövegcserét hajtanak végre, vagy csak azért távolították el a löveget, hogy könnyebben kiszereljék a váltóművet egy tábori műhelyben. A lövegtalp a jármű előtt a földön, míg maga a löveg a kép jobb szélén látható. A nehéz alkatrészek és elemek kiemelését egy mobil daruval végezték el.

A StuG.III Ausf.B from 2.Batterie shown in a field workshop is either having its gun replaced or it was removed to facilitate the removal of the transmission. The gun mount can be seen on the ground in front of the vehicle and the gun itself can be seen just on the right side of the photo. A small portable gantry crane has been set up to lift the heavy components from the inside of the vehicle.

A 2. üteg két StuG. III Ausf. B rohamlövege nyújt támogatást a német gyalogságnak egy orosz falu közelében, 1941 nyarán. A katonák nagy száma arra utalhat, hogy hamarosan folytatják az előrenyomulást. A második páncélos eleje erőteljesen megsüllyedt, nehéz megmondani, mi is történhetett vele valójában.

Two StuG.III Ausf.B from 2.Batterie provide support for German infantry near a Russian village in the summer of 1941. A large number of soldiers are present, possibly indicating they are about continue in their advance. The second vehicle seems to be in a heavy nose down attitude and it's difficult to tell what exactly happened with it.

Az alakulatjelzés alatt „276"-os számot viselő Mercedes-Benz L3000S a 2. üteg állományába tartozott. Az azonosítószám a szélvédőre is felkerült, a rohamlöveg-alakulat harcászati sárga jelzését pedig a 226. rohamlövegosztály 2. ütegére utaló 2/226 felirattal együtt a jobb sárvédőre festették fel. A lökhárítón a Wehrmacht szabványnak megfelelő WH – 868 306 rendszám látható.

A Mercedes-Benz L3000S lorrie assigned to 2.Batterie with the number 276 painted in white below the unit emblem. The number is repeated on the windscreen and the tactical sign for an assault gun unit is painted in yellow ochre on the right fender with 2/226 denoting 2.Batterie of StuG.Abt.226. The standard Wehrmacht vehicle registration number WH - 868 306 is painted on the front bumper.

Péter Kocsis Collection

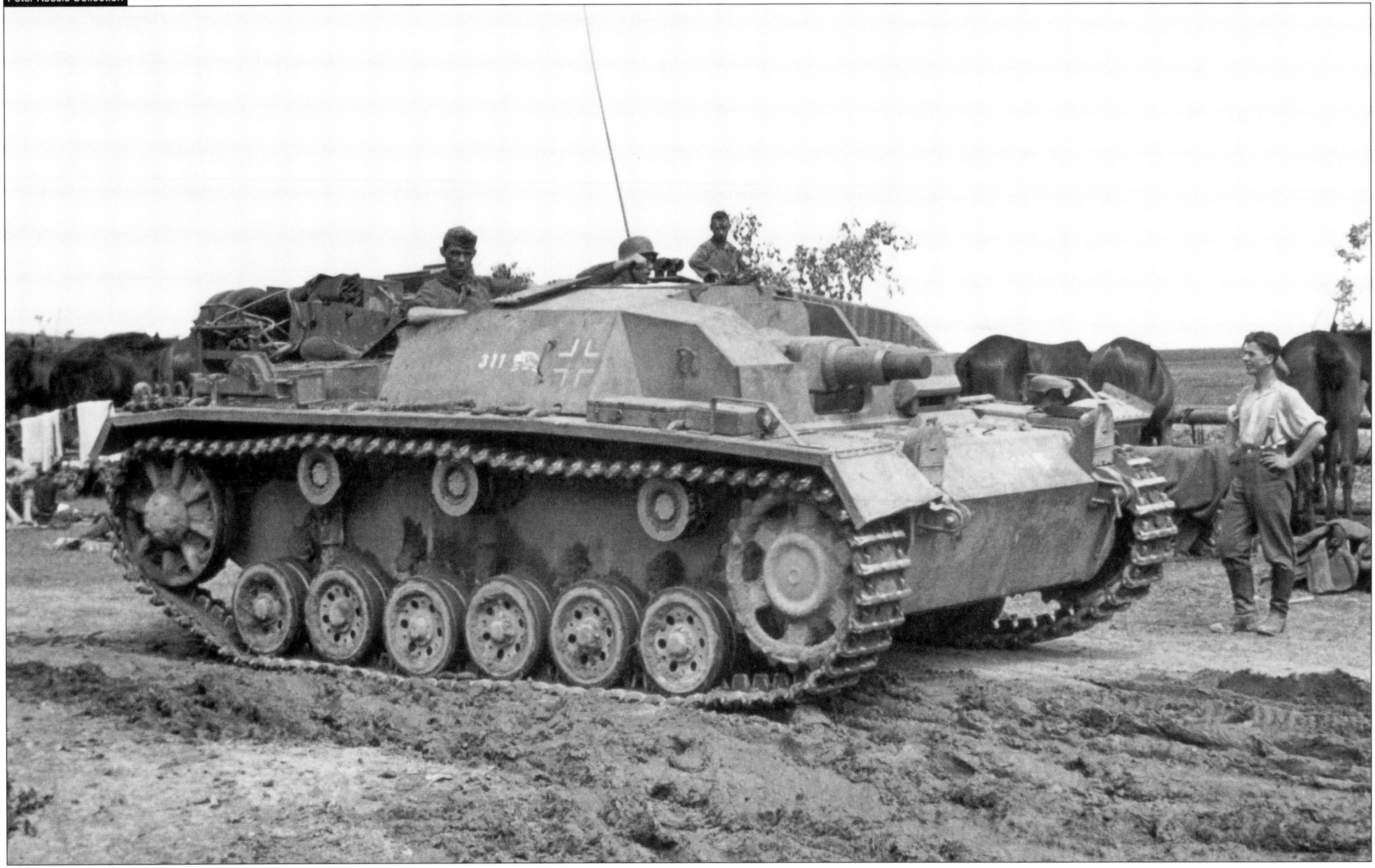

A „311"-es StuG. III Ausf. B egy, az őt mentén táborozó német lovas-alakulat mellett halad el. A jármű viszonylag jó állapota arra utal, hogy a fénykép valószínűleg a hadjárat korai szakaszában készült. A rohamlövegosztály 1941 júniusától 1942 júniusáig a Közép Hadseregcsoport alárendeltségében harcolt.

StuG.III Ausf.B 311 drives past a German cavalry unit bivouacked along the road. The overall good condition of the vehicle probably indicates it was earlier in the campaign. The unit fought with Heeresgruppe Mitte from June 1941 until June 1942.

A „212"-es StuG. III Ausf. B rohamlövegről készült oldalnézeti képen jó látható a fehér alakulatjelzés és harcászati azonosítószám, illetve a rohamlöveg-alakulatok sárga harcászati jelzése és mellette e fehér hasábkereszt. A futóműre és a páncélteknőre vastag sár- és porréteg rakódott le, ami teljesen elfedi a jármű alapszínét.

A nice side view of StuG.III Ausf.B 212 displaying the unit emblem and tactical number painted in white and the tactical sign for an assault gun unit painted in yellow ochre with a white outline Balkenkreuz beside it. The undercarriage has a fairly heavy coating of mud and dirt built up that would almost completely obscure the base color of the vehicle.

Az első sárvédőinek jelentős részétől „megszabadított" „101"-es StuG. III Ausf. B-t egy orosz faluban parkolták le. A felépítmény oldaláról, a rádiót védő szögletes páncélzat elől hiányzik a döntött lemez is, amelynek jól látható a három rögzítőeleme. A lemez helyén jól megfigyelhető a jármű eredeti alapszíne, amely sötétebb az időjárási körülményeknek és használatnak kitett többi felületnél.

StuG.III Ausf.B 101, now missing a substantial portion of both its front fenders, is parked in a Russian village. The sloped shield that was attached to the superstructure ahead of the pannier housing the vehicle radio is also missing revealing the three connection tabs. A slightly darker area is visible where the original paint can be seen in contrast to the weathered forward part.

Ez a fénykép valamivel korábban készült a „101"-ről, mivel itt még az összes sárvédője megvan. A páncélost egy Sd.Ah.116 mélyrakodó utánfutóra állították, minden bizonnyal azért, hogy a mögöttes területre szállítsák egy javítóbázisra. Az 1941. április 18-án keltezett K.St.N. 446 számú előírás értelmében minden egyes rohamlövegüteg rendelkezett egy-egy Sd.Kfz. 9 nehézvontatóval és Sd.Ah.116 utánfutóval.

An earlier photo of StuG.III Ausf.B 101 with most of its fenders still in place. It has been loaded on an Sd.Ah.116 heavy transport trailer, likely to move it back to a repair facility. Each battery was assigned one Sd.Kfz.9 heavy half-track prime mover and one Sd.Ah.116 trailer in accordance with K.St.N.446 dated 18 April 1941.

Ezúttal a „221"-es StuG. III Ausf. B-t láthatjuk egy Sd.Ah.116 mélyrakodón. A kezelőszemélyzet néhány tagja kihasználja az utat a javítóbázisra és a páncélos tetején pihen. Az előtérben két katona a 64 darab 7,5 cm-es lőszer befogadására alkalmas Sd.Ah.32/1 utánfutót igyekszik felkapcsolni a jobb szélen látható Horch 830 R gépkocsira.

Here we see StuG.III Ausf.B 221 also loaded on an Sd.Ah.116 heavy transport trailer while some of the crewmen relax on top for a ride to the maintenance workshop. In the foreground, two soldiers are maneuvering an Sd.Ah.32/1 ammunition trailer, which was capable of carrying 64 rounds of 7.5cm ammunition, in position to be towed by the Horch 830 R Kübelwagen on the right.

A 2. üteg két StuG. III Ausf. B rohamlövege egy orosz faluban – balra a „231"-es, jobbra a „221"-es. A ködgrántávető páncélozott burkolatán jól látható a fehér alakulatjelzés és a rohamlöveg-alakulatok harcászati jelzése. Két katona a terepszínű, esőköpenyként is használható sátorlapot viseli. Figyeljük meg a két hátsó vontatószemhez rögzített tartalék lánctalpat!

Two StuG.III Ausf.B from 2.Batterie halted at a Russian farm. The vehicle on the left has the tactical number 231 while the one on the right has the tactical number 221 and the unit emblem painted in white on the armored housing for the Nebelkerzenabwurfvorrichtung along with the tactical sign for an assault gun unit. Two of the men are wearing the Zeltbahn camouflage shelter quarter. Note how spare track links have been fixed to the rear tow brackets.

A „212"-es StuG. III Ausf. B a háttérben látható úton feltorlódott gépkocsikat, féllánctalpasokat és mindenféle járműveket elkerülve küzd a sáros tereppel. Mivel a sárvédőn nem igazán látható sérülés, a kép valószínűleg még a hadjárat elején készült.

StuG.III Ausf.B 212 plows its way through a muddy field bypassing the road behind jammed up with cars, half-tracks and other equipment. As there is little evidence of damage to the fenders, the photo would probably have been taken earlier during the campaign.

◄

Egy Auto Union Horch 901 Typ 40 (Kfz. 11) nehéz terepjáró gépkocsi letakart parancsnoki zászlóval és az alakulatjelzés mellé festett 1-es számmal. A sárvédő szélén az éjszakai vezetést megkönnyítő fehér sáv látható. A járművet minden bizonnyal az alakulat parancsnoka használta, aki ekkoriban Pritzbuer százados volt.

◄

An Auto Union Horch 901 typ 40 (Kfz.11) displaying a covered command pennant on the fender and a number 1 painted in white along with the unit emblem and night visibility stripe. Presumably, this is the vehicle assigned to the unit commander who at that time was Hauptmann Pritzbuer.

Ezt a Ford Eifel kétajtós kabrió parancsnoki autót Lengyelországban fényképezték le 1941 júniusának elején, amikor az alakulatot oda szállították, hogy felkészüljön a Szovjetunió elleni „Barbarossa" hadműveletre. Az osztályt ekkor a IX. hadtest alárendeltségébe utalták. Figyeljük meg a katona tábori szürke egyenruhájának hajtókáján a világos színű fegyvernemi színt, amelynek pirosnak kellene lennie!

This Ford Eifel two-door cabriolet limousine staff car was photographed in Poland when the unit was transferred there in early June 1941 in preparation for Operation 'Barbarossa', the invasion of the Soviet Union, where they were attached to IX. Armeekorps. Note the collar patches on the mans field grey assault gun tunic with light colored Waffenfarbe piping. This would normally have been red.

Egy Victoria KR35 350 cm3-es motorkerékpár karbantartása valahol Lengyelországban a „Barbarossa" hadművelet előtt. Az 1941. április 18-án kelt K.St.N 446 alapján minden egyes üteg tizenegy motorkerékpárral, illetve további kettő oldalkocsis motorkerékpárral rendelkezett.

A Victoria KR35 350cc motorcycle gets an overhaul somewhere in Poland before Operation 'Barbarossa'. In accordance with K.St.N.446 dated 18 April 1941, each battery was allotted a total of eleven solo motorcycles and two combinations, that is, motorcycles with a sidecar.

▶ A Fritz Fischerként azonosított katona egy másik, korábban igencsak igénybe vett Victoria KR 35 motorkerékpáron dolgozik. A háttérben egy másik KR35 várja a sorát.

▶ A soldier identified as Fritz Fischer works on repairing another Victoria KR35 motorcycle, which looks like it has seen some hard use. Another KR35 awaits in the background for some attention.

A „131"-es StuG. III Ausf. B egy út szélén áll a szovjetunióbeli előrenyomulás idején. A küzdőtér tetején még fent van a vízhatlan ponyva, miközben a személyzet és két másik német katona megpihen. A jobb szélen álló katona a motorkerékpárosok vízhatlan kabátját viseli. A páncéloson látható néhány kisebb sérülés, de ezek minden bizonnyal csak a szokásos, mindennapi használatnak köszönhetők.

StuG.III Ausf.B 131 sits at the side of the road during the advance into Russia, still fitted with its waterproof tarp on the crew compartment, while the crew and two other German soldiers take a rest. The man on the right is wearing the waterproof Kradmantle motorcyclists coat. Some minor damage is visible but probably as a result of normal wear and tear.

A "312"-es StuG. III Ausf. B egy folyó partján vesztegel, az antennájára tűzött zászló alapján valamilyen műszaki hiba miatt. A katonák néhány álcázásként használt ággal igyekeztek megtörni a jármű sziluettjét, de úgy tűnik, nem igazán érték el a céljukat.

StuG.III Ausf.B 312 sits beside a river, apparently suffering from a mechanical breakdown judging from the pennant attached to its antenna. A bit of cut foliage has been added as camouflage in an attempt to break up the outline of the vehicle although it doesn't appear it would have been much help.

Katonák és felszerelésük Oroszország egyik erdejében egy ideiglenes táborban. A StuG. III Ausf. B „201"-es azonosítószáma a csőtisztító rudak felett látható a rádiót védő páncélzatra festve. A karbantartók már előkészítették a szerszámokat és megkezdték az eszközök felállítását, beleértve a bal szélen álló beazonosítatlan generátor-kocsit is.

Men and equipment bivouac in a forested area somewhere in Russia. The StuG.III Ausf.B in the background has the number 201 just visible above the gun cleaning rods, painted on the pannier protecting the vehicle radio. The maintenance company has started to set up their tools and equipment, which includes an unidentified generator trailer seen to the left.

▲ A harcok nyomát igencsak magán viselő „311"-es StuG. III Ausf. B egy rönkház mellett áll valahol Oroszországban 1941-1942 telén. Érdekes, hogy a jármű hátuljáról hiányzik a ködgránátvető, amely valószínűleg megsérült és ezért leszerelték, majd a helyére ismét felfestették az azonosítószámot. Figyeljük meg a tárolókeretre akasztott, a lánctalp összeillesztéséhez szükséges szerszámot és a nagyméretű fűrészt a küzdőtér oldalán!

▲ Battle scarred StuG.III Ausf.B 311 seen next to log barn during the winter of 1941-42 in Russia. Of special interest is the lack of a Nebelkerzenabwurfvorrichtung on the rear of the vehicle, likely damaged and removed by the crew, requiring the tactical number to be repainted. Note as well the track tool hanging from the stowage frame and the large saw stowed alongside the crew compartment.

Egy másik téli életképen a behavazott „101"-es StuG. III Ausf. B látható egy orosz faluban. A német haderő nem volt felkészülve az orosz télre és nem rendelkezett sem megfelelő téli ruházattal a katonák számára, sem téli álcázófestékkel a járművek részére.

Another winter scene showing StuG.III Ausf.B 101 covered in snow in a Russian village. The German Army was unprepared for the winter in Russia and lacked adequate winter uniforms for the men and whitewash camouflage paint for the vehicles.

A hófedte „231"-es StuG. III Ausf. B-t a „232"-es rohamlöveg követi, miközben elhalad egy orosz falu mellett az 1941-1942 téli előrenyomulás idején. A „232"-es néhány sárvédője megrongálódott vagy hiányzik. A 226. rohamlövegosztály 1941 decemberére mintegy 65 km-re közelítette meg Moszkvát.

Snow covered StuG.III Ausf.B 231 followed by 232 passing through a Russian village during the advance in the winter of 1941-42. Some of the fenders of 232 have been heavily damaged and are missing. By December 1941, StuG.Abt.226 had advanced to within 65 kilometers of Moscow.

Egy másik kép az igencsak felmálházott „232"-es StuG. III Ausf. B-ről. A páncéloson már a kései gyártású, hegesztett láncfeszítőkerék látható, amelyről jelen esetben hiányzik a kerékagyat védő páncélozott burkolat. A kezelők valószínűleg egy sérült teherautóból szerelték ki az ülést, amellyel megpróbálják kényelmesebbé tenni az életüket. Figyeljük meg a tárolókeretre akasztott S-alakú vonószemet!

Another view of heavily laden StuG.III Ausf.B 232. This vehicle is fitted with the later welded idler seen here missing its armored hubcap. The crew have salvaged a seat, likely taken from a damaged truck, and are carrying it along to make life a little more comfortable. Notice the 'S' tow hook hanging from the stowage from on the engine deck.

A 2. üteg parancsnokának „201"-es StuG .III Ausf. B rohamlövege egy viszonylag modernnek látszó téglaépület mellett. A páncélos mögött egy ponyvával letakart NSU motorkerékpár áll, mindkét járművet friss hótakaró borítja.

StuG.III Ausf.B 201, the 2.Batterie commander's vehicle, is seen parked next to a relatively modern looking brick building. Parked behind it is tarp covered NSU motorcycle and a fresh covering of snow has blanketed both vehicles.

Az előző fényképen látható helyszín, ezúttal azonban már szemből láthatjuk a „201"-est. A felépítményt és a löveget vízhatlan ponyva védi, a jármű körül hemzsegnek a lábnyomok friss hóban. A sárga harcászati jelzés halványan kivehető a frontpáncélzat felső, döntött lemezének a jobb szélén.

The same scene as in the previous photo but showing the front of 201. In this view we can see it has its weatherproof tarp placed over the superstructure and around the gun and that there has been a lot of foot traffic in the fresh snow around it. The yellow ochre tactical sign can be faintly seen on the right side of the upper nose plate.

Két német katona pózol egy StuG. III Ausf. C/D lecsupaszított roncsán egy fénykép erejéig 1942 tavaszán. A front- és oldalpáncélzatra írt szöveg szerint a jármű a 226. rohamlövegosztály állományába tartozott. Az Ausf. C és D között csak műszaki különbségek voltak, külsőre megegyeztek egymással. 1941 áprilisától 50 Ausf. C, májustól pedig 150 Ausf. D készült.

Two German soldiers pose for a picture on the cannibalized wreck of a StuG.III Ausf.C/D in the spring of 1942. The inscription painted on the front and side identifies it as having belonged to StuG.Abt.226. The differences between the StuG.III Ausf.C and Ausf.D were automotive in nature and on the outside, they were identical in appearance. Fifty StuG.III Ausf.C and 150 Ausf.D were produced starting in April and May 1941 respectively.

A StuG. III Ausf. C/D változatot új irányzóműszerrel szerelték fel, amelyet az áttervezett tetőpáncélzaton kialakított nyílásba helyeztek el. A löveg két oldalán a tetőlemezek dőlésszögét lecsökkentették és megszűntették a korábbi irányzóműszer részére kialakított vájatot. A járművet új, hegesztett meghajtókerékkel és új, a két szélén a jégkarmok (Hammerstollen) rögzítésére szolgáló nyílásokkal ellátott lánctalpakkal látták el. Az alakulatjelzés halványan látható a frontpáncélzat felső, döntött lemezén.

The StuG.III Ausf.C/D incorporated a new gun sight that projected through a hatch in the redesigned roof. The forward sloped roof on each side of the gun was redesigned with a shallower angle and the gun sight trough was eliminated. A new welded idler wheel was also installed with new tracks featuring a slotted hole in each end to accommodate Hammerstollen ice sprags for greater traction on icy roads. The unit emblem can be faintly seen painted on the upper nose plate.

A sérült, mindkét lánctalpát elveszített „102"-es StuG. III Ausf. C/D műszaki mentésre vár a mezőn. Az alakulatjelzést és a harcászati azonosítószámot a korábbi gyakorlatnak megfelelően fehérrel festették fel a felépítmény oldalára és a frontpáncélzat felső, döntött lemezére. Az antennán jól látható a sérült járművet jelző zászló.

A disabled StuG.III Ausf.C/D 102 waits for assistance in a field with both tracks stretched out on the ground behind. In keeping with their previous practice, the unit emblem and tactical number is painted in white on the side of the superstructure and on the upper nose plate. A damaged vehicle pennant is attached to the antenna.

Egy sérült StuG. III Ausf. E várakozik a rámpán, egy vasútállomáson. A változat egyik jellegzetessége, hogy mindkét oldalon megnövelték a rádiókat befogadó páncélzatot, illetve eltűntek az előttük lévő ferde páncéllemezek. A jobb oldali megnövelt térbe további rádiókészüléket szereltek be az ütegparancsnoki kocsikba. Úgy tűnik, ezen a páncéloson a vezetőállás feletti részre betont öntöttek a nagyobb védelem érdekében.

A damaged StuG.III Ausf.E sits on a loading ramp in a railway yard. An identifying feature are the longer panniers on each side for the vehicle radio and elimination of the sloped steel plates in front of them. The new pannier on the right side accommodated additional radio equipment for the battery commander's vehicle. This one appears to have concrete poured in the recess on the roof over the driver for additional protection.

A StuG. III Ausf. E-ről készült fényképen jól látható az Ausf. C/D-ről átvett tetőelrendezés. További újítást jelentett a korábbi változatokhoz képest a frontpáncélzat vízszintes elemén kialakított dupla zárófedelek zsanérjainak belesüllyesztése a páncélzat síkjába. A jobb oldali vontatószemet ellőtték, és a bal kihajtásnál is látható néhány találat. Nyomokban még felfedezhető a téli álcázófestés maradványa.

This photo of a StuG.III Ausf.E provides a clear view of the roof plate arrangement carried over from the Ausf.C/D. Another improvement over the previous models was the change to recessed smaller hinges for the double hatches on the glacis plate. The right tow bracket has been shot away and there is some shot damage to the left hull side plate in front of the final drive housing. The scruffy remnants of a winter camouflage scheme can still be seen.

Ez a StuG. III Ausf. E reménytelenül megsüllyedt egy sáros mezőn. Jól látható a rádiókészülék megnövelt háza és az antennacsonk, valamint az antenna védőtárolója, ami alapján ez egy ütegparancsnoki jármű. Szintén jól megfigyelhetők a frontpáncélzat nyílásain a süllyesztett zsanérok.

This StuG.III Ausf.E has become hopelessly bogged down in a muddy field. The extra pannier for radio equipment on the right side can be seen here along with the antenna mount and antenna trough indicating it is a battery commander's vehicle. The recessed hinges on the access hatches on the glacis are also obvious in this view.

Egy másik StuG. III Ausf. E, amely szintén megsüllyedt a sárban, egy orosz falu szélén álló tanyánál. Noha a vezető oldalsó kinézőnyílása mellett a krétával felírt 3/226 szöveg látható, a hasábkereszt mögött halványan kivehető a 191. rohamlövegosztály jelvénye. Tekintve, hogy 1942 júniusában mindkét alakulat ugyanazon a hadműveleti területen tevékenykedett, elképzelhető, hogy ezt a járművet átvette a 226. rohamlövegosztály.

Another StuG.III Ausf.E sunk deep into the mud at a farm on the outskirts of a Russian village. Although the inscription 3/226 is chalked on the side of the of the hull above the driver's side visor, the unit emblem of StuG.Abt.191 can be faintly seen behind the Balkenkreuz. Since both units operated in the same general area in June 1942, it's possible this vehicle was taken over by StuG.Abt.226.

Két tiszt és egy altiszt figyeli, ahogy egy katona benéz egy StuG. III Ausf. E küzdőterébe a töltőkezelő nyílásán át, Roszlavl közelében, 1942 augusztusának elején. A vezető oldalsó kinézőnyílása körül minden bizonnyal a téli álcázófestés maradványa látható. A motortéren lévő beazonosítatlan tárgy vagy eszköz nem a jármű része.

Two officers and a non-commissioned officer look on while another soldier looks into the open loader's hatch of this StuG.III Ausf.E near the city of Roslavl in early August 1942. The white highlights beside the driver's compartment are possible remains of winter whitewash. The apparatus on the engine deck is unrecognizable and is not part of the vehicle.

A vezetőállás oldalán látható téli álcázás maradványai alapján ez a StuG. III Ausf. E, amely alatt beszakadt a tó jege, ugyanaz a jármű, mint amely az előző képen is szerepelt. A fénykép már 1942-1943 telén készülhetett, hiszen már hiányzik a páncélos bal sárvédőjének az eleje. Az elakadt harcjármű segítségére siető StuG. III Ausf. C/D szintén pórul járt a vízpart puha szélén és szinte azonnal elakadt a felázott talajon. Az Ausf. E motortere mögött egy elhagyott tehergépkocsi maradványai látszanak.

The same StuG.III Ausf.E as in the previous photo, identifiable by the unique white highlights beside the driver's compartment, has broken through the ice of a small pond. The photo was seemingly taken in the winter of 1942-43 as it is now missing a portion of its left fender. A StuG.III Ausf.C/D that came to its aid has also become a victim of the soft ground around the water's edge and is stuck fast too. The remains of an abandoned truck can be seen just behind the engine deck

Egy Sd.Kfz. 252 lőszerszállító tolat rá egy StuG. III Ausf. E rohamlövegre, amely egy orosz falun átvezető út mentén áll 1942-1943 telén. A harcjármű sárvédőjére a Pz.Kpfw. IV Ausf. G-ken és korai Ausf. H-kon is használt légszűrőhöz (Filzbalgfilter) hasonló eszköz van felszerelve. Ezt csak egy rövid időszak erejéig alkalmazták, és noha számos fényképen felbukkan, a kifejlesztéséről és használatáról keveset tudunk.

An Sd.Kfz.252 ammunition carrier backs up to a StuG.III Ausf.E parked along a road through a Russian village in the winter of 1942-43. The StuG.III as been fitted with air cleaners that were installed for a period of time on the fenders of some vehicles and were similar in nature to the Filzbalgfilter installed on late Pz.Kpfw.IV Ausf.G and early Ausf.H. Although often seen in photographs, little is known on their development and use.

Ezt a StuG. III Ausf. E-t a nehezebb úton szabadítják ki szorult helyzetéből – kézi erővel, ásókkal. Mivel mindannyian munkaruhában vagy kezeslábasban vannak, kijelenthetjük, hogy a jármű kezelői nem veszik ki a részüket a munkából. A páncélos fényes felülete alapján valószínűleg szakadó esőben végzik a munkájukat.

This StuG.III Ausf.E is being freed from its predicament the hard way – men with shovels! Since they are all wearing denim fatigues or coveralls, it's safe to say the vehicles crew are not part of the effort to free it. Judging by the sheen on the vehicle, it's likely they are carrying out their task in the rain.

Egy másik fénykép ugyanarról a StuG. III Ausf- E-ről, miközben a katonák igyekeznek kiásni a sárból egy orosz faluban. Ebből a szögből jól látszik a második antenna, ami arra utal, hogy ez egy ütegparancsnok járműve.

Another photo of the same StuG.III Ausf.E being hand dug out of the mud in a Russian village. In this view, we can see the second antenna indicating it is a battery commander's vehicle.

Két karbantartó azzal foglalatoskodik, hogy leengedje az olajat egy StuG. III Ausf. E-ből. A járművet valamivel alátámasztották, hogy hozzáférjenek a fenéklemezhez. A földön ülő katona egy csavarkulcsot tart a kezében, amellyel eltávolította a leresztő csavart, az olajat pedig egy kiásott mélyedésbe folyatja. A két látható hasábkereszt a korábbiaktól eltérően már két színből áll, a fekete keresztet részben fehér keret szegélyezi.

Two mechanics of the maintenance staff working on draining oil from the bottom of this StuG. III Ausf.E. The vehicle has been backed up on blocking of some type to raise the rear end for access under the floor plate. The man on the ground is holding a box wrench after removing the drain plug and the oil is pouring into a small recess dug into the ground. The two visible Balkenkreuz are black with a white outline, a change from the previously seen white outline.

Péter Kocsis Collection

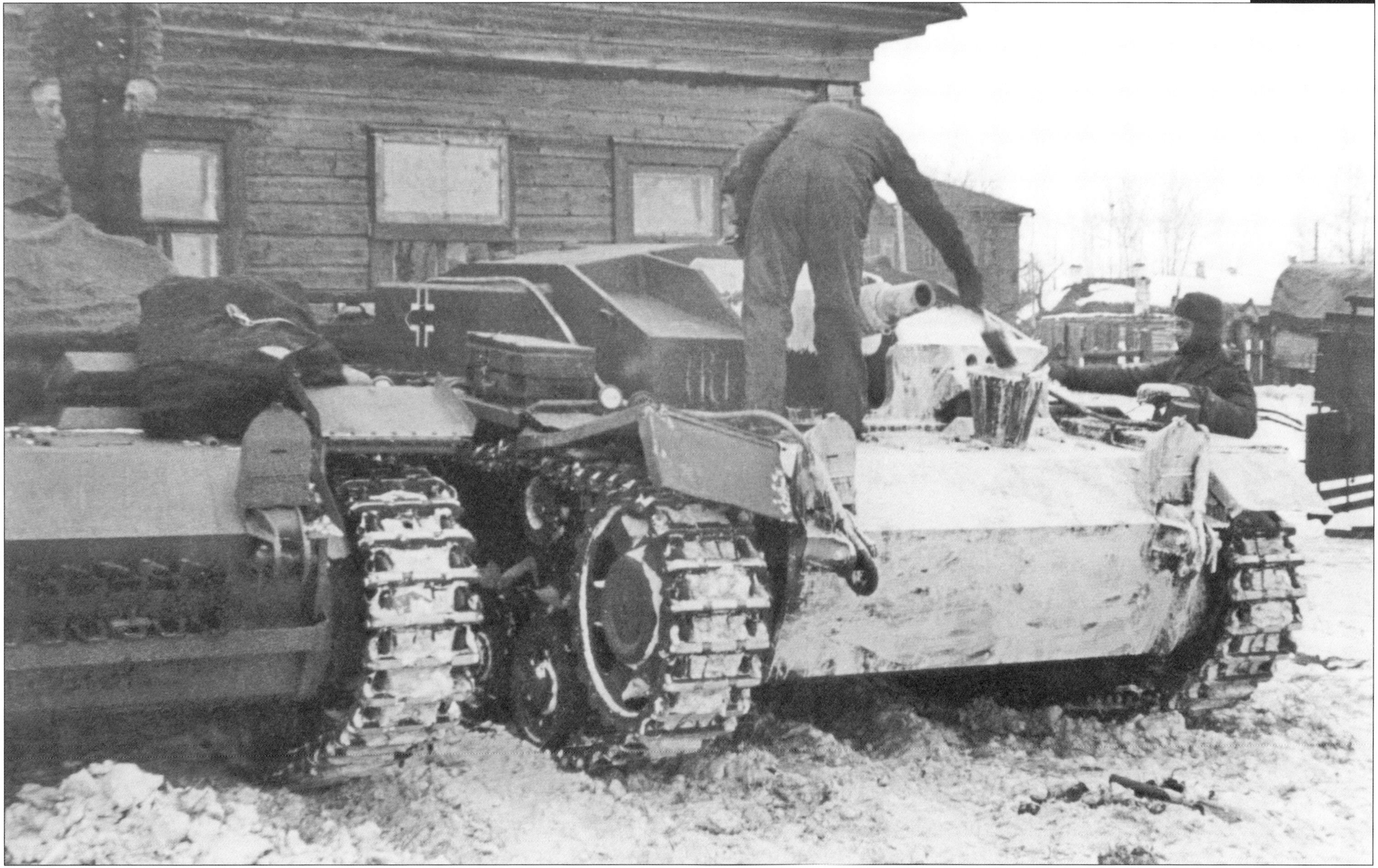

A karbantartó osztag két tagja fehér téli álcázófestést készít egy StuG. III Ausf. E-re. A páncéloson álló katona ecset helyett egy kefét használ a festék felvitelére. A bal oldalon a sorára váró StuG. III Ausf. E frontpáncélzatán a későbbi gyártású változatokra jellemző tartólemez látható, amelyben tartalék lánctalpat tároltak.

A StuG.III Ausf.E is getting a sloppy coat of winter whitewash camouflage paint by two soldiers from the maintenance staff. The man standing on the front is using a bench brush to apply the paint instead of a paintbrush. The StuG.III Ausf.E on the left waiting its turn has been fitted with the spare track holder bar commonly seen on subsequent production vehicles.

Péter Kocsis Collection

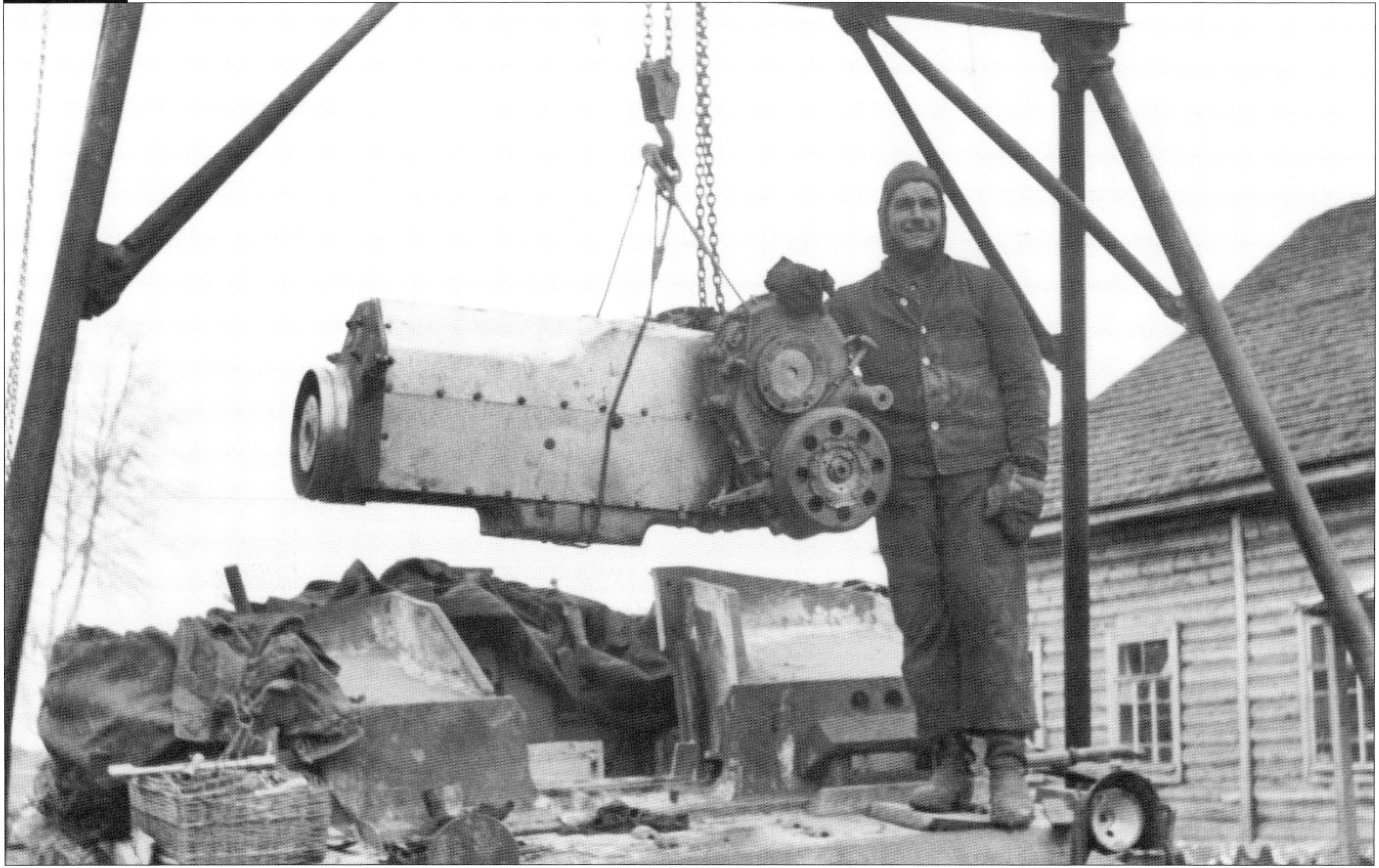

Egy mosolygós karbantartó pózol az SSG 77 váltóművel, amely nyolc előre és egy hátrameneti fokozattal jutatta át a hajtást a meghajtókerekeknek. A váltómű cseréje időigényes munka volt, mivel előtte a teljes löveget és a lövegtalpat, illetve számos egyéb felszerelést is ki kellett szerelni a járműből. A nehéz alkatrészek és elemek emeléséhez egy mozgatható láncos emelődarut állítottak fel.

A smiling mechanic poses for a photograph with the SSG 77 transmission that transferred power to the drive sprockets with eight forward and one reverse gear. Replacing the transmission was a time consuming task requiring the complete removal of the gun and its mount as well as any other pieces of equipment necessary. A portable chain hoist gantry crane has been erected to lift the heavy components.

A karbantartók egy Sd.Kfz. 252 lőszerszállító futóművét javítják egy hóborította udvaron, ahol legalább a széltől védve dolgozhatnak. Az első és hátsó sárvédők között egy kisméretű szerszámosláda volt az általános karbantartáshoz szükséges felszerelésekkel. A képen jól láthatók a felépítmény átlapolt lemezei.

Mechanics work on repairing the running gear and front wheel of an Sd.Kfz.252 ammunition carrier in a snow covered yard where at least they will be protected from the wind. A small storage box between the front and back fenders contained a set of tools needed by each vehicle for regular maintenance. This view provides a good look at the overlapping upper plates on the hull.

Az osztálytörzs Auto Union Horch 901 Typ 40 (Kfz. 11) terepjáró személygépkocsija egy orosz városban 1942-ben. Az alakulatjelzést és egy 6-os számot a bal sárvédőre festették, amelynek szélét az éjszakai láthatóság érdekében fehérrel szegélyezték. A motorháztetőn vastag porréteg látható.

An Auto Union Horch 901 Typ 40 (Kfz.11) of the headquarters staff seen in a Russian town in 1942. The unit emblem is painted on the left fender along with a night visibility stripe and the vehicle number 6. The coating of dust on the vehicle is quite obvious on the cover on the engine compartment.

Ez a fénykép az alakulat BMW R12 oldalkocsis motorkerékpárjáról és Auto Union Horch 830BL parancsnoki személygépkocsijáról egyértelműen 1941 szeptemberében készült Kijev közelében. Az autón az alakulatjelzést és a hadseregre utaló WH betűket fehérrel festették fel a bal sárvédőre.

This photo of a BMW R12 motorcycle combination followed by a Auto Union Horch 830 BL staff car, was apparently taken in September 1941 near Kiev. The unit emblem is painted in white on the left fender along with the letters 'WH' denoting Wehrmacht Heere.

Német karbantartók egy azonosítatlan jármű motorját javítják a szabadban. A háttérben a karbantartó alegység egyik Opel Blitz tehergépkocsija látható, a szabványosított, préselt anyagból készült felépítmény (Einheitskofferaufbau) helyett egyedi kivitelezésű felépítménynyel. Mivel a zárt felépítményű teherautókból sosem állt rendelkezésre elegendő, a csapatok kénytelenek voltak saját maguk változatát.

German mechanics perform engine maintenance on an unidentified vehicle out in the open. In the background is one of the maintenance units Opel Blitz lorries with a custom made wooden box body instead of the pressed cardboard 'Einheitskofferaufbau'. As supply of the standard closed bodies could never keep up with demand, troops often made their own.

Egy Büssing-NAG 4500A tehergépkocsi a préselt anyagból készült szabvány felépítménnyel (Einheitskofferaufbau). Az alakulat egyik szabója egy Adler típusú ipari varrógéppel egy nagyméretű anyagon dolgozik éppen. Az egyenruhák, csizmák és sok hasonló tárgy esetében az alakulatok önellátóak voltak. Figyeljük meg a teherautó ablakaira erősített, ponyvából készített takarókat!

A Büssing-NAG 4500A lorrie fitted with the standard pressed cardboard 'Einheitskofferaufbau'. Here, one of the unit's tailors is using an Adler industrial sewing machine working with a large bolt of material. Each unit was self-sufficient when it came to mending uniforms, repairing boots and a multitude of other tasks. Note the canvas window coverings fitted to the lorrie.

Péter Kocsis Collection

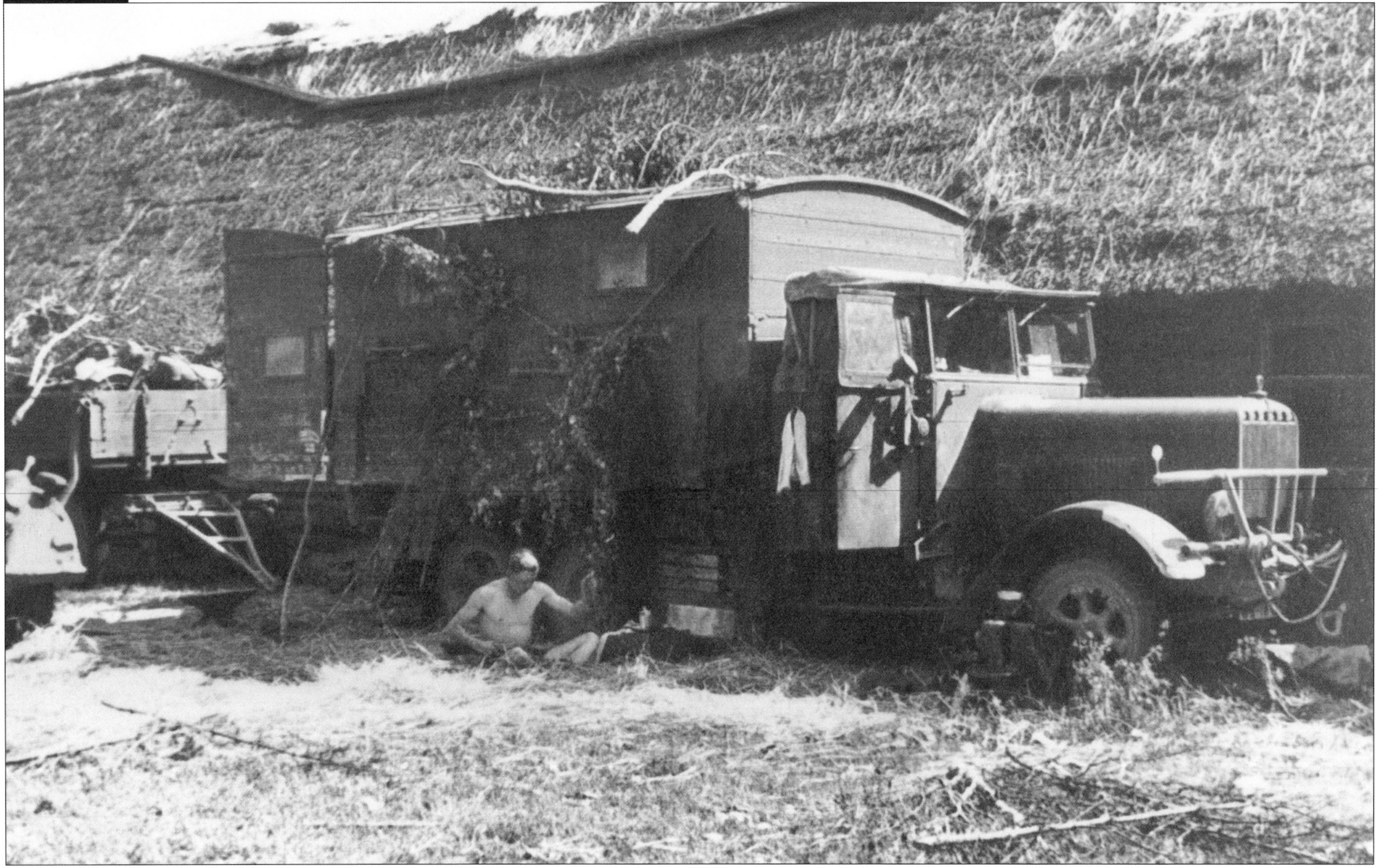

Egy Henschel 33D1 tehergépkocsi fa felépítménnyel és egy négykerekű utánfutóval. A fénykép 1942. június végén készült az oroszországi Kamenka közelében. A tehergépkocsi köré néhány nagyobb ágat és pár gallyat helyeztek, hogy némileg álcázzák. A 226. rohamlövegosztály alakulatjelzése a felépítmény nyitott hátsó ajtaján látható. Figyeljük meg az utánfutóra rakott motorkerékpárt!

A Henschel 33D1 lorrie also fitted with a wooden box body with a four-wheel trailer parked behind. The photo was apparently taken in late June 1942 near Kamenka in Russia. A few tree branches and some cut foliage have been placed on and around the truck in an attempt at camouflage. The unit emblem for StuG.Abt.226 can be seen painted on the open rear door of the wooden body. Note the motorcycle inside the trailer.

Az ugyanott és ugyanakkor készült fényképen egy karbantartó egy Auto Union Horch 830 BL motorján dolgozik. Az alakulatjelzést és felette a WH betűket fehérrel festették fel a bal sárvédőre. A lökhárítóra szerelt rendszámtábla valószínűleg IIH – 69374 (mivel H betűvel kezdődő rendszámok nem léteztek), ami alapján a kocsit a bajorországi Oberfranken körzetében vették nyilvántartásba.

Another photo from the same location and date as the previous picture showing a mechanic working on the engine of a Auto Union Horch 830 BL sedan. The unit emblem is painted in white on the left fender with the letters 'WH' above. The civilian license plate on the bumper is probably 'IIH - 69374', indicating it was registered in the Oberfranken region in Bavaria, as there were no plate numbers beginning with an 'H'.

Ez az Sd.Kfz. 252 lőszerszállító láthatólag egy orosz ZiSz-5 tehergépkocsit vontat maga után a Szovjetunió egyik erdős területének sáros útján. Az alakulatjelzés mellé festett „334"-es szám alapján a jármű a 3. üteghez tartozott. A háttérben látható StuG. III változatát a ráterített vízhatlan ponyva miatt nehéz beazonosítani.

This Sd.Kfz.252 ammunition carrier appears to be towing a Russian Zis 5 truck down a muddy road through a forested area in the Soviet Union. It has the number 334 painted beside the unit emblem indicating it is from 3.Batterie. Due to the weatherproof tarp on the following StuG.III, it is difficult to determine which version it is.

Ezen a képen láthatjuk, hogy az orosz ZiSz-5 tehergépkocsit vontató Sd.Kfz. 252 lőszerszállító előtt két oldalkocsis BMW R-12 motorkerékpár és egy Ford Model 48 G81 kétajtós parancsnoki gépkocsi vezeti az oszlopot. Az oldalkocsiban egy foglyul ejtett orosz katona ül, akit valószínűleg azért ültettek a sor elejére, hogy mutassa az utat a németeknek.

In this photo, we can see that the same Sd.Kfz.252 ammunition half-track towing the Russian Zis 5 truck is being led by two BMW R-12 motorcycle combinations and a Ford Model 48 G81 two-door staff car. The rider in the sidecar appears to be a captured Russian soldier who may have been brought along as a guide.

Péter Kocsis Collection

Néhány katona segít kimenteni ezt a Mercedes-Benz L3000S tehergépkocsit, miután lesodródott az útról az árokba. A jobb sárvédőre sárgával felfestett harcászati jelzés alapján a gépjármű a 226. rohamlövegosztály 1. ütegéhez tartozott. A legelöl látható katona zubbonyának ujján a két stráf azt jelzi, hogy ő az alakulat szolgálatvezetője (Spiess).

A Mercedes-Benz L3000S lorrie is getting some assistance from several soldiers after having swerved off the road into a ditch. The tactical sign painted in yellow ochre on the right fender shows it belongs to 1.Batterie of StuG.Abt.226. The soldier at the front is wearing the two rows of braid on his sleeves indicating he holds the title 'der Spiess' (regimental Sergeant-Major) and has the rank shoulder straps of Hauptfeldwebel.

A 226. rohamlövegosztály oszlopa az élen egy Sd.Ah. 32/1 utánfutót vontató Sd.Kfz. 252 lőszerszállítóval egy lerombolt orosz városon halad át. A féllánctalpason az alakulatjelzés mellé festett „125"-ös szám az 1. ütegre utal. A jármű motorháztetejére egy nemzeti lobogót feszítettek a légi azonosítás érdekében. A személyautó egy Opel Olympia parancsnoki kocsi.

A column of vehicles from StuG.Abt.226, led by an Sd.Kfz.252 ammunition carrier, passes through a devastated town in Russia. The half-track has the number 125, indicating it is from 1.Batterie, painted beside the unit emblem. A national flag is tied to the top of the engine compartment as an aerial recognition sign and an Sd.Ah.32/1 ammunition trailer can be seen behind. Behind is an Opel Olympia staff car.

Az új StuG. III Ausf. F-et egy 7,5 cm-es StuK 40 L/43 löveggel fegyverezték fel, amely már sokkal hatékonyabb páncéltörő fegyverré tette a rohamlöveget az ellenséges páncélosokkal szemben. Gyártása 1942 márciusától kezdődött. A jármű a lövegtől és a felépítmény megemelt, nagyméretű füstelszívó ventillátorral felszerelt tetőlemezétől, illetve a lőszertárolóktól eltekintve megegyezett a StuG. III Ausf. E változattal.

The new StuG.III Ausf.F was armed with a 7.5cm StuK40 L/43 gun that allowed the StuG. III to deal more effectively with enemy tanks as an anti-tank weapon. They began to be manufactured in March 1942. The rest of the vehicle was identical to the StuG.III Ausf.E except for the raised superstructure roof that housed a large fume extractor fan, and the ammunition storage racks.

A StuG. III Ausf. F változatnak csak az első 120 példányát látták el az L/43 csőhosszúságú löveggel, a maradék 246 darabot már a 7,5 cm-es StuK 40 L/48 ágyúval fegyverezték fel. A felépítmény és a teknő elejére 30 mm-es kiegészítő páncélzatot hegesztettek. Az alakulatjelzés alig látható a frontpáncélzat döntött lemezén. A páncélvédelem növelése érdekében a rádiót védő páncélzatra egy sérült StuG III-ról vagy Pz.Kpfw. III-ról származó, eredetileg a motorháztető szellőzőjét védő elemet hegesztettek.

Only the first 120 StuG.III Ausf.F were produced with the L/43 gun and the remaining 246 had the 7.5cm StuK40 L/48. Additional 30mm armor plates were welded to the front of the superstructure and hull. The unit emblem can faintly be seen painted on the upper front hull plate. It has a rear hatch from a damaged StuG.III or Panzer III engine deck with the armored cowl still attached to it welded to the side of the radio pannier for additional armored protection.

Egy új, a 226. rohamlövegosztály számára frissiben kiutalt StuG. III Ausf. F. A gyártás során a korábban a vontatószemekre szerelt fényszórókat elhagyták és a frontpáncélzat közepére erősített Notek-lámpával helyettesítették – ezt azonban ezúttal eltakarja a jármű előtt álló katona. Figyeljük meg az áttervezett tárolóban elhelyezett csőtisztító rudakat! A képen látható páncélost a második trópusi festésmintával látták el, a jármű kétharmadát RAL 8020 barna, egyharmadát RAL 7027 szürke fedi.

A newly issued StuG.III Ausf.F to StuG.Abt.226. The two headlights previously mounted on top of the tow brackets were dropped from production and a single Notek light installed in the center of the upper hull plate, here obscured from view by the soldier. Note the additional gun cleaning rods provided in redesigned brackets. This vehicle is painted in the second tropical paint scheme of 2/3 braun RAL 8020 and 1/3 grau RAL 7027.

Két karbantartó katona épp az előttük álló nehéz feladatot fontolgatja, miszerint hogyan is cseréljék le a StuG. III Ausf. F meghajtókerekét a farkasordító hidegben. A rohamlöveget az 1942-ben kifejlesztett szélesített téli lánctalppal (Winterkette) szerelték fel, amely javította a jármű tapadóképességét a keleti fronton igen gyakran előforduló havas és latyakos talajon. A bal oldalon látható szerkezet valamiféle hőgenerátornak tűnik, amely széles tömlőkön keresztül vezette el a meleget a megfelelő irányba.

Two men from the maintenance unit contemplate the difficult task ahead replacing the drive sprocket on this StuG.III Ausf.F in frigid conditions. The vehicle is fitted with the wide Winterketten tracks developed in 1942 to improve traction in the snowy and muddy conditions encountered on the Eastern Front. The apparatus on the left appears to be some type of heat generator with large hoses for directing the warm air.

Ez a StuG. III Ausf. F az imént kapott vadonat új téli álcázófestést a fényképhez vidáman pózoló katonáktól, akik még az önmentéshez használt, a jobb sárvédőre rögzített gerendát is lekenték fehérre. Ezen a rohamlövegen is szélesített téli lánctalp látható, és úgy tűnik, hogy a rádiót védő páncélzatot ezúttal is kiegészítették egy másik harcjármű motorháztetejéről származó páncélburkolattal.

This StuG.III Ausf.F has had a new coat of winter whitewash camouflage paint applied by the men happily posing for their picture. They even painted the undish undertching log carried o the right mudguard. This one has also been fitted with the wide Winterketten tracks and appears to have an engine deck hatch welded to the radio pannier as well.

Egy StuG. III Ausf. F és egy Ausf. G Oroszország végtelen fagyott sztyeppéin. A közelebbi járművet (Ausf. F) a küzdőtér tetején elhelyezett füstelszívóról és a farpáncélon látható, a külső indítónyílást takaró zsanéros fedőlemezről lehet beazonosítani, míg a másikat (Ausf. G) a parancsnoki kupola nyitott fedele alapján lehet felismerni. Szintén jól látható a két kipufogó köré épített légterelő lemez, amit az Ausf. E-től kezdtek el alkalmazni. Ezek a hűtőrácsokon kiáramló levegőt eltérítették és így megakadályozták, hogy jelentős mennyiségű por verődjön fel.

A StuG.III Ausf.F and an Ausf.G in the frozen wastes of Russia. The closest one can be identified by the raised extraction fan on the roof of the crew compartment and the tail plate with the hinged flap for the hand starter crank. On the other you can see the raised hatch on the cupola. You can also see the air deflector installed around the two engine mufflers that were introduced on the Ausf.E. The cooling fans for the engine compartment pushed the air out the overhanging back plate and this redirected the airflow to prevent dust from being kicked up.

Ugyanaz a két rohamlöveg egy másik szögből fényképezve. A jobb oldalon álló Ausf. G egyike a változat legkorábbi, 1942 decemberétől gyártott példányainak, hiszen a felépítmény oldalpáncélzata még közel függőleges. Ennél a változatnál már egy teljesen új felépítményt terveztek, ami szélesebb volt az elődjénél és így megszűnt a rádió külön páncélzata. A fénykép 1943. január 29-én készült Mga körzetében, a Ladoga-tó közelében.

Another view of the same two StuG.III's. The StuG.III Ausf.G on the right is one of the initial production vehicles with the almost vertically sloped front on the panniers that were produced starting in December 1942. A completely new superstructure was designed that was wider and eliminated the separate radio panniers of the previous versions. This photo was apparently taken on 29 January 1943 in the area of Mga near Lake Ladoga.

Ezen a StuG. III Ausf. F-en tisztán látható, miként hegesztették fel a rádió páncélzatára egy másik sérült StuG. III vagy Pz.Kpfw. III motorházfedelének a fedőpáncélzatát. A kezelőszemélyzet egy eldobott, korábban a 15 cm-es nehéz tábori tarack (sFH18) lőszerének tárolására szolgáló ládát használ a saját személyes felszereléseinek a tárolására. A lövegparancsnokon a kifordítható téli álcaruha látható az őrmesterek (Feldwebel) különleges, fekete alapon három zöld sávból álló rangjelzésével.

This StuG.III Ausf.F clearly shows how the engine deck hatch from a damaged StuG.III or Panzer III was welded to the side of the radio pannier. The crew is using a discarded ammunition crate that had contained ammunition for a 15cm sFH18 howitzer to hold some of their personal effects. The gun commander is wearing the reversible winter uniform with the special rank insignia of three green stripes on a black background of a Feldwebel.

Az előző képen láthat StuG. III Ausf. F. A közeli képen jól látható, hogy a szabvány 40 cm-es lánctalp néhány szemének a szélére kapaszkodó karmokat (Hammerstollen) rögzítettek. Figyeljük meg a futóműre tekeredett drótot és a korai, trópusi kivitelezésű motorháztető burkoló páncélzatát!

The same StuG.III Ausf.F seen in the previous photo. This close-up view shows that the standard 40cm tracks have been fitted with Hammerstollen ice sprags in the ends of some of the links. Note as well the strands of wire that have become wound up in the running gear. The early tropical ventilated engine deck hatches with the transverse cowls can also be seen.

A StuG. III Ausf. F személyzete lőszerrel tölti fel a járművet a harcok szünetében a Leningrád közelében fekvő Szinjavino körzetében 1943. január végén. A lövedékek fekete vége és a lőszerek hossza alapján ezek 7,5 cm-es páncéltörő gránátok (Pzgr. Patr. 39). Tekintve, hogy egy darab lőszer 15 kg-ot nyomott, a három darabot tartalmazó láda megemelése kétemberes munka volt.

The crew of this StuG.III Ausf.F load ammunition into the vehicle during a lull in the fighting in the Ssinjavino area near Leningrad in late January 1943. The ammunition rounds appear to be the 7.5cm Pzgr. Patr. 39 judging by the black color and length of the projectile. As each shell weighed 15kg, it would require the efforts of two men to lift a box of three as seen here.

Ennek a StuG. III Ausf. F-nek a kezelői a feltöltés könnyebb útját választották – egyszerre csak egy lőszert emelnek be a járműbe. A sárvédőre egy nagy nyírfarönköt erősítettek, hogy szükség esetén, ha elakadnak a hóban, ki tudják menteni a páncélost. A bal oldali katona a kifordítható téli álcaruhát viseli, míg társa egy nagy fehér álcaköpenyt húzott az egyenruhájára. A rohamlövegen ezúttal is a szélesített téli lánctalpat láthatjuk.

Another crew loading ammunition into their StuG.III Ausf.F the easy way, one shell at a time. They are carrying a large birch log on the fender as an aid for getting out of deep snow should they become bogged down. The man on the left is wearing the reversible winter uniform and the man on the right has a large white smock pulled on over his uniform. It is also fitted with the wide Winterketten track links.

Ezt a StuG. III Ausf. F-et szintén lőszerrel töltik fel. A földön a három lőszer befogadására alkalmas faládák és az egyetlen lőszer tárolására alkalmas hengerek hevernek. A képen azon rohamlövegek egyike látható, amelynek a rádiót védő páncélzatát megerősítették egy másik harcjármű motorháztetejének páncélzatával.

This StuG.III Ausf.F is also having its ammunition replenished. Both wooden ammunition crates and individual tubes litter the snow-covered ground around the vehicle. This is one of the vehicles that has the added engine deck armored cowl welded to the side of the radio pannier.

Egy StuG. III Ausf. F kezelői pózolnak a harcjárművük előtt egy fotó erejéig, valamikor 1942-1943 telén. A rádiókészülék burkolatára a páncélvédelem növelése érdekében tartalék lánctagokat helyeztek egy tartólemez mögé, a vezetőállás melletti páncélzatra pedig egy tartalék futógörgő tartóját erősítették. Érdekes a vezetőállás feletti lemez betonfeltöltése, illetve a másik oldalra rögzített lemez, amely részben megszűnteti a tetőlemez alacsony szöge által képzett találati csapdát. A háttérben a legelső StuG. III Ausf. G-k egyik példánya látható.

The crewmen of a StuG.III Ausf.F pose for a photo with their vehicle in the winter of 1942-43. Extra track links have been placed in brackets on the side of the radio pannier for additional protection and a bracket for a spare road wheel welded to the superstructure beside the driver's compartment. Of particular interest is the concrete fill over the driver's roof plate and the corresponding plate on the opposite side to partially eliminate the shot trap created by the low roof angle. In the background is one of the StuG.III Ausf.G initial production vehicles.

A német gyalogságot gyakran azokra a harcjárművekre felültetve küldték harcba, amelyek az ő támogatásukra lettek kijelölve. A képen nagyszámú gyalogság mászik fel egy StuG. III Ausf. F-re. A képen jól látható a felépítményre a páncélteknőre hegesztett 30 mm-es kiegészítő páncélzat. Ez a páncélos is szélesített téli lánctalppal van felszerelve és mind a vezetőállás feletti, mind a löveg másik oldalán lévő tetőpáncélzatot betonnal erősítették meg.

German infantry were often ferried into battle on the tanks and self-propelled guns assigned to support them. Here we see a large number of soldiers climbing aboard this StuG.III Ausf.F. This photo shows the configuration of the additional 30mm plates that were welded on the front of the hull and superstructure. This vehicle has also been fitted with the wide Winterketten tracks and has concrete fill above the driver's position and on the right side as well.

A StuG. III Ausf. G 1943 elején bukkant fel a harcmezőkön. A motorháztető kialakítása a StuG. III Ausf. F/8 megjelenésével megváltozott: előrébb két nagyobb, zsanérozott nyílást alakítottak ki páncélozott burkolattal és hátul is nagyobbak lettek a páncélozott nyílászárók. A páncélteknő oldallemezeit elöl szintén megnövelték, és ezeket átfúrva alakították ki a vonószemeket, hátulra pedig egy 50 mm-es téglalap alakú lemezt erősítettek. Ez a kialakítás megmaradt az Ausf. G-ken is. Az egyik legjellegzetesebb újítás azonban a forgatható parancsnoki kupola alkalmazása volt.

The StuG.III Ausf.G made its first appearance on the battlefield during the winter in early 1943. The engine deck hatch configuration was changed with the introduction of the StuG. III Ausf.F/8 with two larger forward hinged hatches with armored cowl arranged fore and aft and larger rear hatches with armored cowls. The hull sides were extended at the front and drilled out for towing and a 50mm rectangular plate added to the rear. This configuration carried over to the Ausf.G. One of the defining features was the introduction of a rotating commander's cupola.

A StuG. III Ausf. G-nek a szélesebb, a sárvédőkre nyúló felépítménye eredetileg meredekebb frontpáncélzattal rendelkezett, ami egyértelműen megfigyelhető ezen a fényképen. A 30 mm-es kiegészítő páncélzatot a páncéltest és a felépítmény elejére továbbra is csavarozták, ahogy a kései gyártású Ausf. F/8 változatokon. A sárvédők rövidebb első és hátsó lemezeit a korábbi mozgatható változat helyett rögzített lemezekre cserélték. A képen jól megfigyelhető a teknő megnövelt oldalpáncélzatának végén kifúrt vonószem.

The StuG.III Ausf.G in its original form had steeper sloped front plates in front of the wider superstructure extending over the track guards, which is very evident in this photo. The additional 30mm armor plates on the front of the hull and superstructure continued to be bolted in place as they were on the later Ausf.F/8. Shorter front and rear fender extensions were fixed in place instead of being hinged. The hull extensions with holes drilled for towing can also be seen here.

Egy másik, korai gyártású StuG. III Ausf. G 1943 elején. A hátsó légterelőt az Ausf. F/8-nál változtatták meg és ezt vitték tovább az Ausf. G-k gyártásánál. Ezen a páncéloson még a felhajtható hátsó sárvédő lemez látható. A jármű mellett lőszeres ládákat halmoztak fel, hogy feltöltsék a készletet. Balra egy halom üres lőszerhüvely hever a földön.

Another initial production StuG.III Ausf.G seen in the early winter of 1943. The rear air deflector configuration was changed on the Ausf.F/8 and carried over. This one still has the hinged rear mud flaps. A stack of ammunition crates has been placed beside the vehicle in preparation for replenishing their ammunition. To the left can be seen a pile of discarded shell casings.

Két korai gyárátsú StuG. III Ausf. G kel át a sivár, hóborította tájon a kísérő gyalogsággal Leningrád körzetében, 1943 elején. A küzdőtér hátuljára tartalék lánctagokat rögzítetek. A tetőlemezen épp csak kivehető a füstelszívó ventilátor, amelyet a későbbiekben már a felépítmény hátfalába építettek be.

Two initial production StuG.III Ausf.G make their way across the bleak snow covered landscape with accompanying infantry in the Leningrad area in early 1943. Additional spare track stowage was provided for on the back of crew compartment. Just visible is the roof mounted fume extraction fan that was eventually relocated to the rear wall of the crew compartment.

A StuG. III-ok és a téli álcaruhás gyalogság folytatja az előrenyomulást a célja felé a tüzérség által felszaggatott mezőn. A németek sosem érték el céljukat, mert a szovjet csapatok és Leningrád lakossága nem adta meg magát.

The StuG.III's and winter-clad infantry continue on their way across the artillery blasted ground toward their objective. It was an objective the Germans were never able to accomplish as the Soviet troops and Russian citizens of Leningrad refused to surrender.

Péter Kocsis Collection

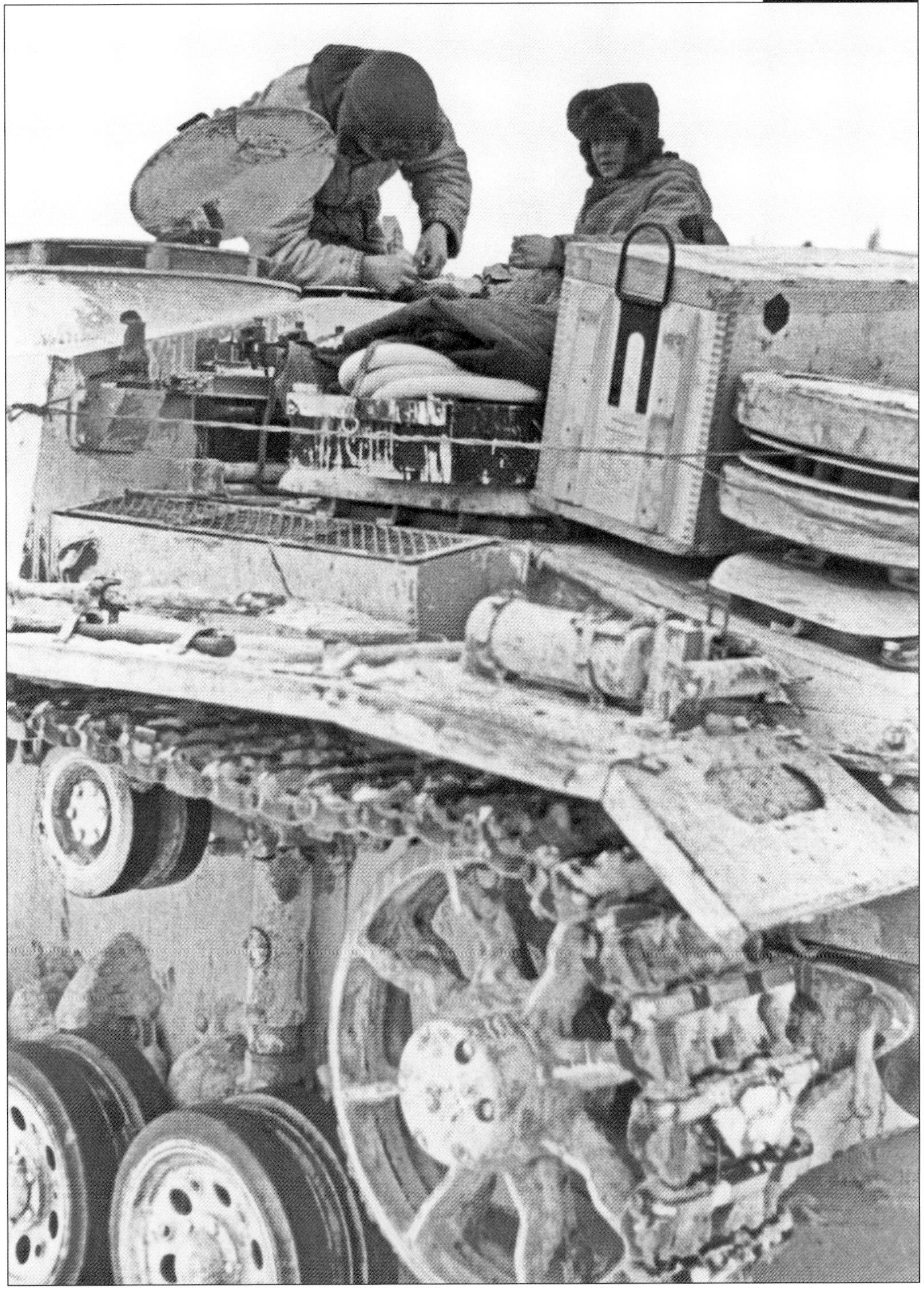

Közeli felvétel hátulról egy korai gyártású StuG. III ausf. G-ről, amelyen jól látszik a korábbi Notek-lámpát váltó cső alakú hátsó lámpa. A StuG. III Ausf. F/8 gyártásától kezdve a lehajtható antennát megszüntették és egy fix antennacsonkot használtak, a motorháztetőre pedig tartókat helyeztek el két tartalék futógörgő részére. Amint azt eredetileg tervezték, a parancsnoki kupolát kezdetben 360 fokos szögben körbe lehetett fordítani, ezt azonban a fellépő golyóscsapágy hiány miatt 1943 októberére fokozatosan elhagyták.

A close-up rear view of an initial production StuG.III Ausf.G showing the tubular type of convoy light that replaced the original Notek system. Starting with the StuG.III Ausf.F/8, the antenna mounts were fixed instead of pivoting and two spare road wheel mounts were bolted to the engine deck. As originally designed, the commander's cupola was able to rotate through 360 degrees though this was phased out in October 1943 due to a shortage of ball bearings.

▸ Közeli felvétel a töltő-kezelő jobb oldalon kialakított búvónyílásáról. A legkorábbi StuG. III Ausf. G-k még nem rendelkeztek a nyílás elé szerelt géppuska-pajzzsal. Mivel a motorháztetőre tartalék futógörgőket helyeztek, a vontatókábeleket át kellett helyezni a sárvédőkre. A képen látható páncélos a szabvány 40 cm szélességű lánctalppal van felszerelve, amelynek egyik szemében – a hasábkereszt szélének vonalától kissé balra – egy kapaszkodó karmot (Hammerstollen) is felfedezhetünk.

▸ A close-up of the loader in his hatch on the right side. The initial production StuG.III Ausf.G did not have an MG shield installed in front of his position. Due to the installation of the spare road wheel mounts on the engine deck, the tow cables were relocated to the fenders. This vehicle is fitted with the standard 40cm tracks and a single Hammerstollen ice sprag can be seen below and slightly to the left of the white outline Balkenkreuz.

Két korai gyártású StuG. III Ausf. G és két Ausf. F egy Sd.Kfz. 252 lőszerszállítóval várakozik az indulási parancsra egy város terén. Az összes járművet gondosan ellátták téli álcázófestéssel. Figyeljük meg, hogy a korai StuG. III Ausf. G-nek a jobb oldalon tartalék lánctalpat erősítettek az oldalára és két páncélos motorháztetejére is 200 literes üzemanyaghordókat málháztak! A katonák mindannyian a kifordítható téli álcaruhát viselik a hideg időben.

Two initial production StuG.III Ausf.G and two Ausf.F along with an Sd.Kfz.252 ammunition carrier, all with even coats of white winter camouflage paint, wait in a town square for orders to move out. Note the initial StuG.III Ausf.G on the right has spare tracks attached to the side of the superstructure and two of the vehicles are carry 200l fuel drums on their engine decks. The men are all well attired for the cold weather in reversible winter suits.

Egy másik korai StuG. III Ausf. G valamivel később, 1943 tavaszán, amikor a hó olvadni kezdett és a közlekedést ismét kínszenvedéssé változtatta a nedves, felázott talaj. A páncéloson a rögzített első sárvédő látható, a felépítmény és a páncélteknő elejére pedig 30 mm-es kiegészítő páncélzatot csavaroztak. A kezelőszemélyzet a felépítmény elejére és oldalára is lánctalptagokat rögzített, hogy megnövelje a rohamlöveg páncélvédelmét.

Another initial production StuG.III Ausf.G seen later in the spring of 1943 when the snow has begun to melt and movement will once again be a struggle in the thawing ground. This one has the short fixed front fenders and 30mm bolted armor plates on the front of the superstructure and hull. The crew have placed extra track links along the sides and front of the superstructure in an effort to increase the armor protection of the vehicle.

A képen egy StuG. III Ausf. F-et és néhány korai gyártású Ausf. G-t láthatunk egy Sd.Kfz. 252 lőszerszállítóval és több más szállítójárművel egy orosz városban Leningrád közelében 1943 elején. A StuG. III Ausf G és az Sd.Kfz. 252 között egy vontatókábel is látható. Az utolsó Sd.Kfz. 252-t 1941 szeptemberében gyártották le, feladatát az Sd.Kfz. 250/6 Ausf. B vette át, amely 60 darab, a hosszúcsövű 7,5 cm-es StuK 40 löveghez való lőszert tudott szállítani.

In this photo, we can see a StuG.III Ausf.F and some initial Ausf.G along with an Sd.Kfz.252 ammunition carrier and a variety of other transport vehicles in a Russian town near Leningrad in early 1943. There appears to be a tow cable strung out between the StuG.III Ausf.G and the Sd.Kfz.252. The last Sd.Kfz.252 was produced in September 1941 and its role assumed by the Sd.Kfz.250/6 Ausf.B, which could carry 60 rounds ammunition for the long 7.5cm StuK 40.

Egy, a motortér túllógó része alatt látható légterelő alakja alapján StuG. III Ausf. F és két StuH. 40 Ausf. G. A StuG. III kezdetben gyalogsági támogató harcjárműnek szánták, "puha" célpontok ellen. A hosszúcsövű 7,5 cm-es StuK 40 löveg rendszeresítésével feladata megváltozott, páncélvadászként kellett támogatnia a gyalogságot. Így viszont az eredeti feladatának ellátására szükség lett egy önjáró tarackra. 1942-ben kilenc StuG. III Ausf. F-et 10,5 cm-es L/28-as tarackkal szerelek fel, majd 1943 márciusától a StuG. III Ausf. G-k felhasználásával megkezdődött a sorozatgyártás is.

A StuG.III Ausf.F, identifiable by the shape of the air deflector below the engine deck overhang, and two StuH. 40 Ausf.G. Initially, the StuG.III was intended to provide infantry support against soft targets. With the introduction of the long 7.5cm StuK 40, its role was changed to provide anti-tank support for the infantry creating a need for a self-propelled howitzer to fulfill its original role. This resulted with the installation of a 10.5cm Sturmhaubitz 42 L/28 in nine StuG.III Ausf.F in 1942 and in March 1943 production started using the StuG.III Ausf.G.

Ezen a StuG. III Ausf. G-n igencsak kopottas a téli álcázófestés. A személyzet tagjai bélelt téli nadrágot viselnek, hármójukon bőrcsizma, negyedik társukon nemezcsizma látható. A katonák boldognak tűnnek, hogy végre beköszöntött a tavasz. Érdekesek 40 cm széles lánctalp némelyik tagjára szerelt kapaszkodó karmok, amelyek jobb tapadást biztosítottak a fagyott talajon.

This StuG.III Ausf.G still displays a scruffy coat of winter whitewash camouflage paint. The crewmen sitting on the front are wearing the trousers from the insulated winter suit with three in the felt and leather winter boots and one in the felt over boots. They appear to be happy that spring has finally arrived. Of interest are the Mittelstollen ice sprags installed in some of the 40cm track links for improved traction on frozen ground.

Egyike a számos zsákmányolt, majd német szolgálatba állított szovjet tehergépkocsinak, egy ZiSz-5 az ország elleni háború első évében. A gépjármű a kerekeire szerelt hóláncok ellenére is elakadt a mély hóban. A bal sárvédőn jól látható az alakulat fehér jelzése és felette a 17? szám. A jobb sárvédőn „WH" betűk és a láthatósági fehér szegély figyelhető meg. Az ajtóra festett F.P. 13954 jelentése Feldpostnummer 13954.

This one of the many captured Soviet trucks impressed into German service, a Zis-5 in the first year in Russia, here stuck fast in the deep snow despite the chains on the rear wheels. On the left fender we can see the unit emblem for StuG.Abt.226 painted in white with the number 17? above. On the right fender are the letters 'WH' and white night visibility stripe. A camouflage tarp is draped over the engine compartment to try and keep the heat in. The significance of F.P.13954 painted on the door is Feldpostnummer 13954.

A SOROZAT EDDIG MEGJELENT KÖTETEI / AVAILABLE IN THIS SERIES

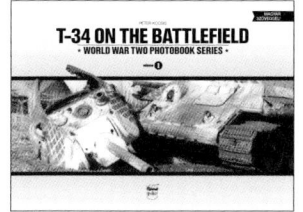

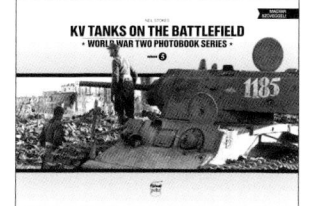
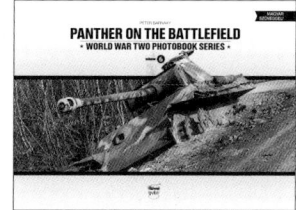

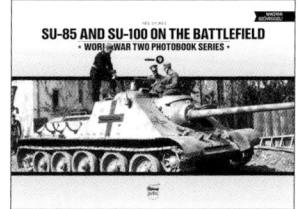
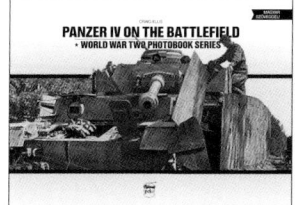

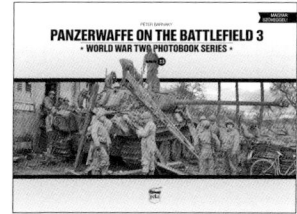

COMING SOON!

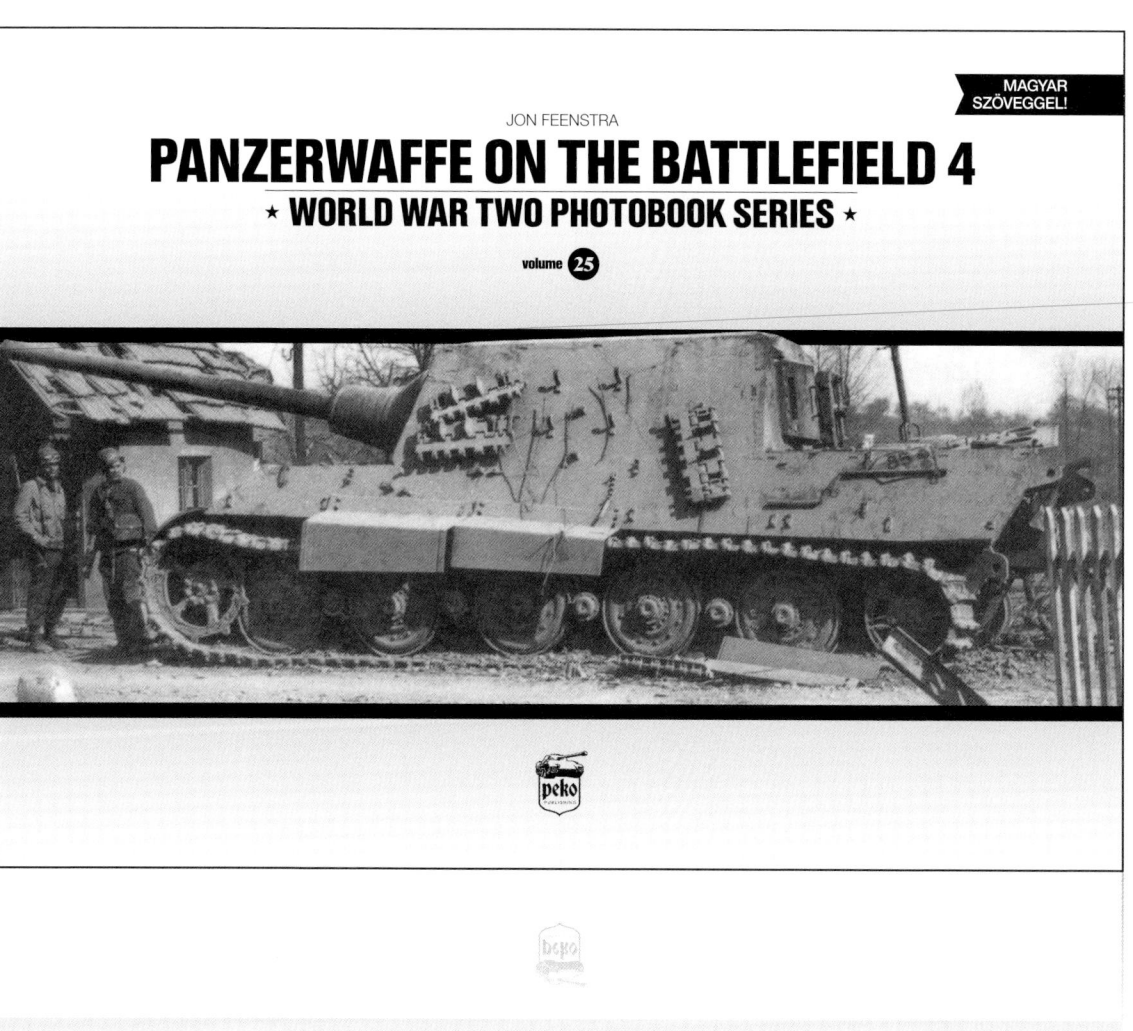